MISAL
ABRIL 2025

LECTURAS, EVANGELIOS DE TODOS LOS DÍAS, REFLEXIONES Y ORACIONES

INSPIRA
VEinspira.com

REGALO ESPECIAL
PARA ESTE
AÑO SANTO

Descarga GRATIS una poderosa oración para fortalecer tu fe en este Año Santo. Descárgala gratis y comienza cada día con bendición y propósito

Escanea el código QR y recibe tu regalo espiritual al instante

VEinspira.com/Jubileo2025

INSPIRA

Misal Abril 2025

© 2025 VE Inspira. Todos los derechos reservados.

Primera edición – Año 2025
Publicado por **VE Inspira**
⚲ www.veinspira.com

ISBN: 9798311531320

Créditos
Diseño de portada y maquetación: VE Inspira
Ilustraciones: Creaciones digitales exclusivas de VE Inspira
Corrección y edición: VE Inspira

Descargo de Responsabilidad
Este libro ha sido elaborado con el propósito de fortalecer la vida espiritual del lector. No sustituye la asistencia a la Santa Misa ni el acompañamiento de guías espirituales autorizados. Las reflexiones y oraciones aquí contenidas buscan ser una ayuda devocional para la meditación y el crecimiento en la fe.

Este libro no es un misal litúrgico oficial ni reemplaza ninguna publicación de la Iglesia Católica. Su propósito es servir como un recurso devocional personal.

Cómo Usar Este Misal

Este Misal del mes de marzo 2025 es una guía espiritual diseñada para acompañarte día a día en tu encuentro con la Palabra de Dios. A través de sus páginas, podrás leer, reflexionar y orar con las lecturas de la liturgia, permitiendo que tu vida se transforme por la luz del Evangelio.

Sugerencias para aprovechar las lecturas y reflexiones diarias:

1. Prepara tu corazón antes de leer

Antes de comenzar, haz una breve pausa en tu día. Pídele al Espíritu Santo que abra tu mente y tu corazón para comprender lo que Dios quiere decirte a través de su Palabra.

2. Sigue el ritmo del calendario litúrgico

Cada día encontrarás la Primera Lectura, el Salmo Responsorial y el Evangelio correspondientes al calendario litúrgico. Los domingos y solemnidades incluyen una Segunda Lectura antes del Evangelio.

3. Medita en el mensaje del día

Después de leer, tómate un momento para reflexionar. ¿Qué te ha llamado la atención? ¿Qué enseñanza puedes aplicar en tu vida? Usa la sección Espacio para Escuchar y Responder a Dios para profundizar en la Palabra y escribir tus pensamientos.

4. Responde con un propósito concreto

En la sección Propósito del Día, anota un compromiso sencillo que puedas vivir en tu jornada. Puede ser un acto de caridad, un momento especial de oración o un esfuerzo por vivir una virtud cristiana.

5. Participa activamente en la Santa Misa

Si asistes a la Misa del día, usa este misal para seguir las lecturas proclamadas. Esto te ayudará a vivir la liturgia con más atención y a conectar más profundamente con la enseñanza de Cristo.

6. Vive tu fe a lo largo del mes

Cada misal incluye oraciones especiales y las intenciones del Papa, para que te unas en oración con toda la Iglesia.

7. Revisa tu camino espiritual

Aprovecha los espacios de reflexión y propósito para llevar un registro de cómo la Palabra de Dios transforma tu vida. Al final del mes, tómate un tiempo para revisar tus notas y agradecer a Dios por su guía.

Que este misal sea tu compañero diario en el camino de fe, ayudándote a crecer en el amor y la cercanía con Dios

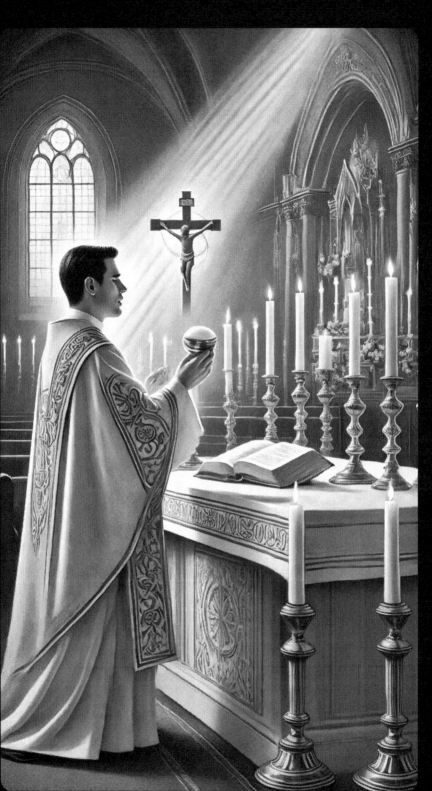

Descubre la Sabiduría de los Ciclos Litúrgicos y Los Tiempos de la Iglesia

¿Sabías que la Iglesia organiza las lecturas de la Santa Misa siguiendo un plan de tres años? Este maravilloso sistema se llama **Ciclos Litúrgicos**, y está diseñado para que los fieles puedan experimentar el mensaje de amor, esperanza y salvación desde diferentes perspectivas mientras caminan junto a Cristo en su vida diaria.

Los **Ciclos Litúrgicos** nos ayudan a vivir plenamente los tiempos litúrgicos (**Adviento, Navidad, Cuaresma, Pascua y Tiempo Ordinario**), permitiéndonos reflexionar sobre los diferentes momentos del plan salvífico de Dios. Cada ciclo está relacionado con un evangelio principal, ofreciendo un enfoque único para cada año.

Los Tres Ciclos de los Domingos: A, B y C

- **Ciclo A:** Se centra en el Evangelio según **San Mateo**, destacando la enseñanza moral de Jesús y su llamado a vivir en el Reino de los Cielos.

- **Ciclo B:** Este ciclo está dedicado principalmente al Evangelio según **San Marcos**, el más breve, pero lleno de acción y con un fuerte enfoque en la humanidad de Cristo.

- **Ciclo C:** En el **2025**, seguimos el Evangelio según **San Lucas**, conocido por su énfasis en la **misericordia, la oración y la compasión de Jesús** por los más vulnerables.

A lo largo de estos tres años, estos ciclos nos ofrecen una visión completa de la vida y misión de Cristo, enriqueciendo nuestra fe con cada lectura.

Los Ciclos para los Días de Semana: Ciclo I y Ciclo II

Además de los ciclos dominicales, la Iglesia organiza las lecturas de los días de semana en un sistema de dos años:

- **Ciclo I:** Se utiliza en los años impares, como **2025**, y nos lleva a recorrer los textos del **Antiguo Testamento, las cartas de los** apóstoles y los evangelios de manera estructurada.

- **Ciclo II:** Se emplea en los años pares, complementando las lecturas para que en dos años podamos escuchar gran parte de la Sagrada Escritura.

Los Tiempos Litúrgicos: Una Guía para el Año de la Iglesia

Cada año, la Iglesia nos guía a través de diferentes tiempos litúrgicos, los cuales nos ayudan a vivir más conscientemente la historia de la salvación y el misterio de Cristo.

Adviento: La Espera del Salvador

Duración: Cuatro semanas antes de Navidad.
Color litúrgico: Morado (excepto el tercer domingo, que es rosado).
Es un tiempo de esperanza y preparación para la llegada de Jesús. Nos invita a la conversión, la oración y la vigilancia, esperando con alegría la venida del Mesías.

Navidad: Dios con Nosotros

Duración: Del 25 de diciembre hasta el Bautismo del Señor (mediados de enero).
Color litúrgico: Blanco o dorado.
Celebramos el nacimiento de Jesús, la luz que ilumina al mundo. Es un tiempo de gozo, gratitud y contemplación del gran misterio de Dios hecho hombre.

Cuaresma: Un Camino de Conversión

Duración: 40 días, desde el Miércoles de Ceniza hasta el Jueves Santo.
Color litúrgico: Morado.
Es un tiempo de penitencia, oración y ayuno, preparándonos para la Pascua. Nos invita a la conversión y a profundizar en nuestra relación con Dios.

Pascua: La Victoria de Cristo

Duración: 50 días, desde el Domingo de Resurrección hasta Pentecostés.
Color litúrgico: Blanco.
Celebramos la Resurrección de Jesús, el triunfo sobre el pecado y la muerte. Es un tiempo de alegría y renovación espiritual.

Tiempo Ordinario: La Vida en Cristo

Duración: Dos períodos: después de la Navidad y después de Pentecostés, hasta el Adviento siguiente.

Color litúrgico: Verde.

Es el tiempo donde vivimos el mensaje de Cristo en nuestra vida diaria, creciendo en nuestra fe y compromiso cristiano.

2025: Un Año para Escuchar y Reflexionar

En el **2025**, estaremos inmersos en el **Ciclo C para los domingos**, guiados por el mensaje de San Lucas, y en el **Ciclo I para los días de semana**, que nos ofrece una mirada amplia y profunda a la Palabra de Dios.

Este esquema nos ayudará a vivir más conscientemente el calendario litúrgico, acompañándonos en los tiempos de celebración, penitencia y alegría.

A través de estos ciclos, la Iglesia nos lleva de la mano en un camino espiritual que nos permite descubrir a Cristo desde diferentes ángulos y profundizar en su mensaje eterno. Que este año sea una oportunidad para dejarnos transformar por su Palabra y abrir nuestro corazón al amor y la misericordia de Dios.

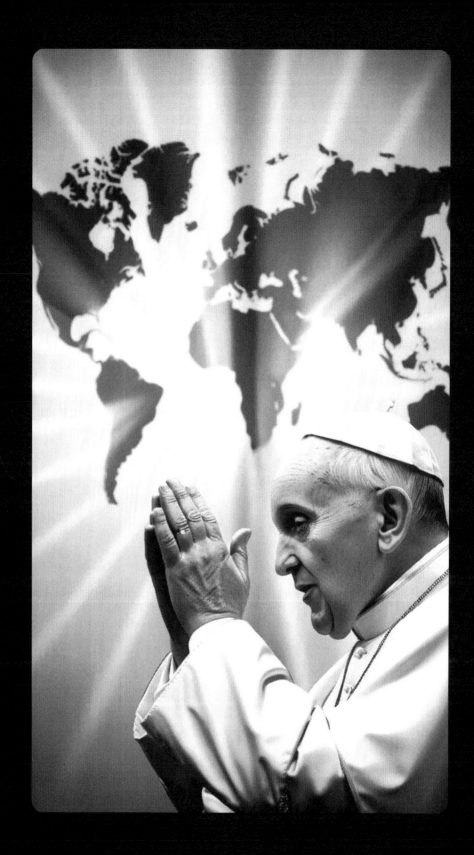

Ora en Comunidad con el Corazón de la Iglesia

¿Te has preguntado alguna vez cómo podemos unirnos como Iglesia Universal en oración, incluso estando en diferentes partes del mundo? Las **intenciones mensuales del Papa** son la respuesta a esa pregunta. Cada mes, el Santo Padre nos invita a orar por necesidades específicas de la humanidad y de la Iglesia, recordándonos que nuestra fe no solo transforma nuestras vidas, sino que también tiene el poder de cambiar el mundo.

Esta tradición, que tiene sus raíces en el Apostolado de la Oración (ahora llamado **Red Mundial de Oración del Papa**), nos conecta con los anhelos del corazón de la Iglesia y con las preocupaciones del mundo. Cada intención, cuidadosamente discernida por el Papa, nos invita a mirar más allá de nosotros mismos y a dirigir nuestra oración hacia temas de gran relevancia espiritual, social y humana.

¿Por Qué Son Importantes las Intenciones del Papa?

Las intenciones mensuales no son solo una invitación a orar, sino también un llamado a actuar. Nos animan a vivir nuestra fe de manera concreta, siendo instrumentos de paz, justicia y amor en el mundo. Al reflexionar y orar por estas intenciones, recordamos que formamos parte de una Iglesia viva y en comunión, comprometida con los más necesitados y con los grandes desafíos de nuestra época.

En cada intención, encontramos una oportunidad para:

- **Abrir nuestro corazón**: Reconocer que nuestra oración puede ser un puente de gracia para los demás.
- **Unirnos en comunidad**: Saber que millones de personas alrededor del mundo están orando por la misma causa.
- **Reflexionar y actuar**: Identificar cómo podemos, en nuestra vida cotidiana, responder a los llamados del Santo Padre.

Intenciones del Papa para 2025

Durante este año tan especial, marcado por el **Jubileo 2025**, el Papa nos invita a profundizar en temas clave que reflejan la misericordia y el amor de Dios. Cada mes, este libro incluye la intención oficial, acompañada de un espacio para reflexionar sobre cómo puedes vivirla y unirte a esta oración mundial.

Por ejemplo:

- En **enero**, se nos invita a orar por el derecho a la educación, pidiendo que migrantes, refugiados y afectados por las guerras puedan tener acceso a esta herramienta esencial para construir un mundo mejor.

- En otros meses, las intenciones nos llevarán a reflexionar sobre el cuidado del medio ambiente, la dignidad de los trabajadores, y el fortalecimiento de la familia.

Estas intenciones son una brújula espiritual que nos ayuda a enfocar nuestra oración en las necesidades más urgentes, recordándonos que, como Iglesia, somos llamados a ser luz para el mundo.

Que este libro sea para ti una guía para orar con el Papa, vivir en comunión con la Iglesia Universal y descubrir el poder de la oración como una fuerza transformadora. Recuerda que, cuando te unes a estas intenciones, no solo estás rezando; estás siendo parte activa de la misión de Cristo en el mundo.

El Jubileo 2025: Un Tiempo de Gracia y Esperanza

¿Sabías que el Jubileo es una tradición milenaria en la Iglesia, un tiempo de renovación espiritual y reconciliación? En el año 2025, el Papa Francisco nos invita a vivir un Jubileo Ordinario, un evento que nos llama a redescubrir la misericordia infinita de Dios y a convertirnos en peregrinos de esperanza.

¿Qué es el Jubileo?

El Jubileo es un **Año Santo**, proclamado por la Iglesia, donde los fieles son invitados a profundizar en su fe, vivir con mayor intensidad las obras de misericordia y reconciliarse con Dios. Durante este tiempo especial, se abre la **Puerta Santa** en Roma y en muchas otras iglesias designadas, simbolizando el acceso a la gracia y la misericordia divina.

El tema del Jubileo 2025, **"Peregrinos de Esperanza"**, nos recuerda la importancia de caminar juntos como Iglesia, reconociendo la presencia salvífica de Dios en nuestra vida diaria. Este tema conecta directamente con el mensaje de los evangelios, que nos animan a vivir con fe activa y esperanza, incluso en medio de los desafíos.

Elementos Claves del Jubileo 2025

- **La Indulgencia Plenaria**:
  - Los fieles que participen en el Jubileo, siguiendo las condiciones establecidas (confesión, comunión, oración por las intenciones del Papa, y una obra de misericordia), podrán obtener el perdón completo de las penas temporales causadas por sus pecados.
  - Esta indulgencia también puede ser ofrecida en sufragio por las almas del purgatorio.

- **Las Peregrinaciones**:
  - Los peregrinos son llamados a visitar lugares santos, como la Basílica de San Pedro en Roma o iglesias designadas en

cada diócesis, para experimentar la gracia de la reconciliación.

o Estas peregrinaciones son un signo tangible del compromiso de caminar hacia Dios.

- **Obras de Misericordia**:

  o El Jubileo nos invita a redescubrir las obras de misericordia corporales y espirituales, como alimentar al hambriento, vestir al desnudo, consolar al triste y perdonar las ofensas.

  o Estas acciones reflejan el amor de Cristo en el mundo.

- **Conexión con los Evangelios**

El mensaje central del Jubileo se entrelaza con el llamado de los evangelios a la conversión y la reconciliación. Jesús nos enseña a ser luz para el mundo y a vivir en comunión con nuestros hermanos. Este Año Santo es una oportunidad para profundizar en esos valores y hacerlos vida en nuestro día a día.

Cómo Participar en el Jubileo

- **Abrir el Corazón a la Gracia de Dios**:

  o Confesión y Comunión son los pilares para vivir plenamente este año de gracia.

- **Orar con el Papa y la Iglesia Universal**:

  o Unirse a las intenciones mensuales y rezar por la paz y la unidad.

- **Realizar Peregrinaciones u Obras de Misericordia**:

  o Si no puedes viajar, las obras de caridad en tu comunidad son una forma de vivir el Jubileo.

Este Jubileo no es solo un evento, es un llamado a ser signos tangibles de esperanza para los demás. Que este Año Santo sea para ti una oportunidad de conversión, reconciliación y alegría en el Señor.

Oración Del Jubileo

Padre que estás en el cielo,
la fe que nos has donado en
tu Hijo Jesucristo, nuestro hermano,
y la llama de caridad
infundida en nuestros corazones por el Espíritu Santo,
despierten en nosotros la bienaventurada esperanza
en la venida de tu Reino.
Tu gracia nos transforme
en dedicados cultivadores de las semillas del Evangelio
que fermenten la humanidad y el cosmos,
en espera confiada
de los cielos nuevos y de la tierra nueva,
cuando vencidas las fuerzas del mal,
se manifestará para siempre tu gloria.
La gracia del Jubileo
reavive en nosotros, Peregrinos de Esperanza,
el anhelo de los bienes celestiales
y derrame en el mundo entero
la alegría y la paz
de nuestro Redentor.
A ti, Dios bendito eternamente,
sea la alabanza y la gloria por los siglos. Amén.

Papa Francisco

Oraciones que Iluminan el Camino

¿Alguna vez has sentido que las palabras faltan cuando quieres hablar con Dios? Las oraciones son una forma hermosa y sencilla de abrir nuestro corazón a Su amor. A lo largo de los siglos, la Iglesia nos ha regalado un tesoro de oraciones que nos guían en diferentes momentos de nuestra vida espiritual, ayudándonos a expresar nuestra fe, nuestra gratitud y nuestras peticiones.

En esta sección, encontrarás oraciones esenciales que te acompañarán en tu camino diario. Desde la Comunión Espiritual, para cuando no puedas recibir el Cuerpo de Cristo, hasta plegarias que enriquecen tus días, estas palabras son un recordatorio de que Dios siempre escucha y está contigo.

Que estas oraciones te sirvan como puente para acercarte más a Él, fortalecer tu relación con el Padre, y vivir cada día con la certeza de Su presencia amorosa. Repite estas oraciones con fe y confía en que, a través de ellas, el Señor tocará tu corazón.

Ven Santo Espíritu

Ven, Espíritu divino,
manda tu luz desde el cielo.
Padre amoroso del pobre;
don, en tus dones espléndido;
luz que penetra las almas;
fuente del mayor consuelo.

Ven, dulce huésped del alma,
descanso de nuestro esfuerzo,
tregua en el duro trabajo,
brisa en las horas de fuego,
gozo que enjuga las lágrimas
y reconforta en los duelos.

Entra hasta el fondo del alma,
divina luz, y enriquécenos.
Mira el vacío del hombre,
si tú le faltas por dentro;
mira el poder del pecado,

cuando no envías tu aliento.

Riega la tierra en sequía,
sana el corazón enfermo,
lava las manchas,
infunde calor de vida en el hielo,
doma el espíritu indómito,
guía al que tuerce el sendero.

Reparte tus siete dones,
según la fe de tus siervos;
por tu bondad y tu gracia,
dale al esfuerzo su mérito;
salva al que busca salvarse
y danos tu gozo eterno. Amén.

Comunión espiritual

Creo, Jesús mío,
que estáis realmente presente en el Santísimo Sacramento del Altar.
Os amo sobre todas las cosas
y deseo recibiros en mi alma.
Pero como ahora no puedo recibiros sacramentado,
venid a lo menos espiritualmente a mi corazón.
Y como si ya os hubiese recibido,
os abrazo y me uno del todo a Ti.
Señor, no permitas que jamás
Me aparte de Ti. Amén.
(San Alfonso María de Ligorio)

A vuestros pies, ¡oh, mi Jesús!,
me postro y os ofrezco
el arrepentimiento de mi corazón contrito,
que se hunde en la nada ante vuestra santísima presencia.
Yo os adoro en el Sacramento de vuestro amor,
la inefable Eucaristía,
y deseo recibiros en la pobre morada
que os ofrece el alma mía.
Esperando la felicidad de la comunión sacramental,
yo quiero poseeros en espíritu.
Venid a mí, puesto que yo voy a Vos,
¡oh, Jesús mío!,
y que vuestro amor inflame todo mi ser
en la vida y en la muerte.

Creo en Vos y espero en Vos.
Así sea.
(Cardenal Rafael Merry del Val)

Oración de Santo Tomás de Aquino

Omnipotente y sempiterno Dios, he aquí que me acerco al sacramento de tu unigénito Hijo Jesucristo, Señor nuestro; me acerco como un enfermo al médico de la vida, como un inmundo a la fuente de la misericordia, como un ciego a la luz de la claridad eterna, como un pobre y necesitado al Señor de cielos y tierra.

Imploro la abundancia de tu infinita generosidad para que te dignes curar mi enfermedad, lavar mi impureza, iluminar mi ceguera, remediar mi pobreza y vestir mi desnudez, para que me acerque a recibir el Pan de los ángeles, al Rey de reyes y Señor de señores, con tanta reverencia y humildad, con tanta contrición y piedad, con tanta pureza y fe, y con tal propósito e intención como conviene a la salud de mi alma.

Te pido que me concedas recibir no sólo el sacramento del cuerpo y de la sangre del Señor, sino la gracia y la virtud de ese sacramento. Oh, Dios benignísimo, concédeme recibir el cuerpo de tu unigénito Hijo Jesucristo, Señor nuestro, nacido de la Virgen María, de tal modo que merezca ser incorporado a su cuerpo místico y contado entre sus miembros. Oh, Padre amantísimo, concédeme contemplar eternamente a tu querido Hijo, a quien, bajo el velo de la fe, me propongo recibir ahora.

Bajo tu protección

Bajo tu amparo nos acogemos,
Santa Madre de Dios;
no deseches las súplicas
que te dirigimos
en nuestras necesidades;
antes bien, líbranos siempre
de todo peligro,
¡Oh, Virgen gloriosa y bendita!

Alma de Cristo

Alma de Cristo, santifícame.
Cuerpo de Cristo, sálvame.
Sangre de Cristo, embriágame.
Agua del costado de Cristo, lávame.
Pasión de Cristo, confórtame.
¡Oh, buen Jesús!, óyeme.
Dentro de tus llagas, escóndeme.
No permitas que me aparte de Ti.
Del maligno enemigo, defiéndeme
En la hora de mi muerte, llámame.
Y mándame ir a Ti.
Para que con tus santos te alabe.
Por los siglos de los siglos. Amén

El Corazón de Nuestra Fe:
La Santa Misa

¿Sabías que cada vez que participas en la Santa Misa estás presenciando el acto más grande de amor que jamás haya existido? En la Eucaristía, celebramos el sacrificio de Cristo, quien se entrega por nosotros y nos invita a unirnos a Él en un encuentro profundo con Dios.

El Ordinario de la Misa recoge las partes invariables de esta celebración sagrada, aquellas oraciones y respuestas que nos unen como comunidad de fe, sin importar en qué lugar del mundo estemos. Estas palabras han sido pronunciadas por generaciones de creyentes, transformando los corazones y elevando las almas hacia el cielo.

En esta sección, encontrarás los textos esenciales para participar plenamente en la Misa, desde el Rito de Inicio hasta el Rito de Despedida. Estas oraciones no solo nos preparan para recibir a Cristo en la Eucaristía, sino que también nos envían al mundo renovados y fortalecidos para vivir Su mensaje en nuestra vida diaria.

Que el Ordinario de la Misa te ayude a interiorizar el misterio de la fe y a vivir con gratitud el gran regalo de la presencia real de Cristo en la Eucaristía.

RITOS INICIALES

Antífona de Entrada
Recibimos al sacerdote de pie, mientras se acerca al altar y lo besa. En el ara del altar, que simboliza el lugar del sacrificio, suelen estar depositadas reliquias de santos. Si no se canta un himno, se recita la **Antífona de Entrada** correspondiente al día.

El sacerdote comienza:
En el nombre del Padre, y del Hijo, y del Espíritu Santo.

El pueblo responde:
Amén.

El sacerdote saluda a los fieles con una de estas opciones:
- **El Señor esté con vosotros.**

- o Y con tu espíritu.

- **La gracia de nuestro Señor Jesucristo, el amor del Padre y la comunión del Espíritu Santo estén con todos vosotros.**

  - o Y con tu espíritu.

- (En Tiempo Pascual): **El Dios de la vida, que ha resucitado a Jesucristo, rompiendo las ataduras de la muerte, esté con todos vosotros.**

  - o Y con tu espíritu.

- El sacerdote lee la antífona del día.

Acto Penitencial

El sacerdote invita a los fieles a reconocer sus pecados:

Hermanos, para celebrar dignamente estos sagrados misterios, reconozcamos nuestros pecados.

Tras un breve silencio, todos rezan:
Yo confieso ante Dios todopoderoso y ante vosotros, hermanos, que he pecado mucho de pensamiento, palabra, obra y omisión.
(Llevando la mano al pecho): **Por mi culpa, por mi culpa, por mi gran culpa.**
Por eso ruego a Santa María, siempre Virgen, a los ángeles, a los santos y a vosotros, hermanos, que intercedáis por mí ante Dios, nuestro Señor.

El sacerdote concluye con la absolución:
Dios todopoderoso tenga misericordia de nosotros, perdone nuestros pecados y nos lleve a la vida eterna.

El pueblo responde:
Amén.

Kyrie

El sacerdote y el pueblo alternan las invocaciones:

Señor, ten piedad.
- Señor, ten piedad.
  Cristo, ten piedad.

- Cristo, ten piedad.
  Señor, ten piedad.

- Señor, ten piedad.

(Otra forma opcional con desagravios):
Tú que has enviado a sanar los corazones afligidos:
- Señor, ten piedad.
  Tú que has venido a llamar a los pecadores:

- Cristo, ten piedad.
  Tú que estás sentado a la derecha del Padre para interceder por nosotros:

- Señor, ten piedad.

Gloria (En domingos fuera de Adviento y Cuaresma, y en solemnidades y fiestas)

Gloria a Dios en el cielo,
y en la tierra paz a los hombres que ama el Señor.
Por tu inmensa gloria te alabamos, te bendecimos,
te adoramos, te glorificamos, te damos gracias,
Señor Dios, Rey celestial,
Dios Padre todopoderoso.
Señor, Hijo único, Jesucristo,
Señor Dios, Cordero de Dios, Hijo del Padre;
tú que quitas el pecado del mundo,
ten piedad de nosotros;
tú que quitas el pecado del mundo,
atiende nuestra súplica;
tú que estás sentado a la derecha del Padre,
ten piedad de nosotros;
porque solo tú eres Santo,
solo tú, Señor,
solo tú, Altísimo Jesucristo,
con el Espíritu Santo
en la gloria de Dios Padre. Amén.

Oración Colecta

El sacerdote invita a la oración:

Oremos.

Se guarda un breve silencio, tras el cual el sacerdote recita la **Oración Colecta** propia del día. Al finalizar, el pueblo responde:

Amén.

Liturgia de la Palabra

Primera Lectura (Sentados)

Se toma de la Escritura, normalmente del Antiguo Testamento, excepto en Tiempo Pascual (Hechos de los Apóstoles). Al concluir, quien lee proclama:

Palabra de Dios.

El pueblo responde:
Te alabamos, Señor.

Salmo Responsorial

Un lector o cantor proclama los versos del Salmo, mientras el pueblo responde con el estribillo correspondiente. El salmo puede ser cantado o recitado.

Segunda Lectura (Domingos y solemnidades)

Se toma del Nuevo Testamento, generalmente de las cartas apostólicas. Al concluir, quien lee proclama:

Palabra de Dios.

El pueblo responde:
Te alabamos, Señor.

Evangelio (De pie)
El sacerdote introduce la lectura:
El Señor esté con vosotros.
El pueblo responde:
Y con tu espíritu.
Lectura del santo evangelio según San [Nombre].

El pueblo responde:
Gloria a ti, Señor.

Al finalizar la lectura:
Palabra del Señor.

El pueblo responde:
Gloria a ti, Señor Jesús.

El sacerdote besa el Evangeliario, diciendo en voz baja:
Que las palabras del evangelio borren nuestros pecados.

Liturgia Eucarística
Presentación de las Ofrendas (Sentados)

El sacerdote toma el pan y lo ofrece, diciendo en voz alta:
Bendito seas, Señor, Dios del universo, por este pan, fruto de la tierra y del trabajo del hombre, que recibimos de tu generosidad y ahora te presentamos: él será para nosotros pan de vida.

El pueblo responde:
Bendito seas por siempre, Señor.

Luego, el sacerdote toma el cáliz con vino y añade una pequeña cantidad de agua, mientras reza en secreto:
Por el misterio de esta agua y este vino, haz que compartamos la divinidad de quien se ha dignado participar de nuestra humanidad.

Luego, eleva el cáliz y dice:
Bendito seas, Señor, Dios del universo, por este vino, fruto de la vid y del trabajo del hombre, que recibimos de tu generosidad y ahora te presentamos: él será para nosotros bebida de salvación.

El pueblo responde:
Bendito seas por siempre, Señor.
El sacerdote, inclinado, dice en secreto:
Acepta, Señor, nuestro corazón contrito y nuestro espíritu humilde; que este sea hoy nuestro sacrificio y sea agradable en tu presencia, Señor, Dios nuestro.

Luego, el sacerdote se lava las manos mientras dice en secreto:
Lava del todo mi delito, Señor, limpia mi pecado.

Finalmente, de pie en el altar, invita a la asamblea a la oración:

Orad, hermanos, para que este sacrificio mío y vuestro sea agradable a Dios, Padre todopoderoso.

El pueblo responde:
El Señor reciba de tus manos este sacrificio, para alabanza y gloria de su nombre, para nuestro bien y el de toda su santa Iglesia.

Oración sobre las Ofrendas
El sacerdote dice la **Oración sobre las Ofrendas** correspondiente al día. Al final, el pueblo responde:
Amén.

Plegaria Eucarística
Diálogo Inicial
El sacerdote introduce la Plegaria Eucarística con este diálogo solemne:
El Señor esté con vosotros.
- Y con tu espíritu.

  Levantemos el corazón.
- Lo tenemos levantado hacia el Señor.

  Demos gracias al Señor, nuestro Dios.
- Es justo y necesario.

Prefacio

El sacerdote proclama el **Prefacio**, una oración de alabanza y acción de gracias que varía según la celebración. Al finalizar, todos cantan o recitan el **Santo**:

Santo, Santo, Santo es el Señor, Dios del universo.
Llenos están el cielo y la tierra de tu gloria.
Hosanna en el cielo.
Bendito el que viene en nombre del Señor.
Hosanna en el cielo.

Consagración

El sacerdote recita la **Plegaria Eucarística II** (la más breve y comúnmente utilizada), que incluye las palabras de la institución:

Tomen y coman todos de él, porque esto es mi Cuerpo, que será entregado por ustedes.

Luego, eleva la hostia consagrada en silencio, mostrándola al pueblo.
De igual manera, consagra el cáliz:

Tomen y beban todos de él, porque este es el cáliz de mi Sangre, Sangre de la alianza nueva y eterna, que será derramada por ustedes y por muchos para el perdón de los pecados. Hagan esto en conmemoración mía.

El sacerdote eleva el cáliz y luego proclama:
Éste es el Sacramento de nuestra fe.

El pueblo responde con una de las aclamaciones previstas, como:
Anunciamos tu muerte, proclamamos tu resurrección. ¡Ven, Señor Jesús!

Doxología Final

Al concluir la Plegaria Eucarística, el sacerdote eleva la patena con el Cuerpo de Cristo y el cáliz, y proclama:

Por Cristo, con él y en él, a ti, Dios Padre omnipotente, en la unidad del Espíritu Santo, todo honor y toda gloria por los siglos de los siglos.

El pueblo responde:
Amén.

Rito de Comunión
Padrenuestro
El sacerdote invita a rezar la oración que Jesús enseñó:
Fieles a la recomendación del Salvador y siguiendo su divina enseñanza, nos atrevemos a decir:

Todos juntos rezan:
Padre nuestro que estás en el cielo, santificado sea tu Nombre; venga a nosotros tu reino; hágase tu voluntad en la tierra como en el cielo. Danos hoy nuestro pan de cada día; perdona nuestras ofensas, como también nosotros perdonamos a los que nos ofenden; no nos dejes caer en la tentación y líbranos del mal.

El sacerdote continúa:
Líbranos de todos los males, Señor, y concédenos la paz en nuestros días, para que, ayudados por tu misericordia, vivamos siempre libres de pecado y protegidos de toda perturbación, mientras esperamos la gloriosa venida de nuestro Salvador Jesucristo.

El pueblo concluye:
Tuyo es el reino, tuyo el poder y la gloria, por siempre, Señor.

Rito de la Paz
El sacerdote invita a compartir la paz:
Señor Jesucristo, que dijiste a tus apóstoles: "La paz les dejo, mi paz les doy", no tengas en cuenta nuestros pecados, sino la fe de tu Iglesia, y conforme a tu palabra concédenos la paz y la unidad. Tú que vives y reinas por los siglos de los siglos.

El pueblo responde:
Amén.

El sacerdote añade:

La paz del Señor esté siempre con vosotros.

- Y con tu espíritu.

    Dense fraternalmente la paz.

Cordero de Dios

Mientras el sacerdote parte el Pan, todos recitan o cantan:

Cordero de Dios, que quitas el pecado del mundo, ten piedad de nosotros.
Cordero de Dios, que quitas el pecado del mundo, ten piedad de nosotros.
Cordero de Dios, que quitas el pecado del mundo, danos la paz.

Comunión

El sacerdote eleva la hostia y dice:

Éste es el Cordero de Dios, que quita el pecado del mundo. Dichosos los invitados a la cena del Señor.

El pueblo responde:

Señor, no soy digno de que entres en mi casa, pero una palabra tuya bastará para sanarme.

Tras comulgar, se guarda un momento de silencio o se canta un himno de acción de gracias.

Rito de Conclusión

El sacerdote despide a la asamblea con la bendición final:

El Señor esté con vosotros.

- Y con tu espíritu.

La bendición de Dios todopoderoso, Padre, Hijo y Espíritu Santo, descienda sobre vosotros.

El pueblo responde:

Amén.

El sacerdote concluye:

Podéis ir en paz.

El pueblo responde:

Demos gracias a Dios.

ABRIL

TRIUNFO DE LA VIDA SOBRE LA MUERTE

¿Has sentido alguna vez la alegría de un nuevo comienzo? Abril nos lleva al corazón del misterio cristiano: la **Pascua**. Es un tiempo para celebrar la victoria de Cristo sobre la muerte y experimentar la fuerza renovadora de Su resurrección. En este mes, somos llamados a vivir como testigos de la vida nueva que brota de Su entrega y amor infinito.

La **Semana Santa**, con el **Domingo de Ramos**, el **Triduo Pascual** y el **Domingo de Pascua**, marca el centro de nuestra fe. Desde la entrada triunfal de Jesús en Jerusalén hasta Su sacrificio en la cruz y Su gloriosa resurrección, cada celebración nos invita a caminar con Cristo en Su pasión para compartir también Su triunfo.

La liturgia de Pascua nos habla de luz, esperanza y renovación. Las lecturas nos muestran cómo el Resucitado transforma a Sus discípulos, llenándolos de valor para anunciar la Buena Nueva. Así como ellos fueron enviados, también nosotros estamos llamados a ser portadores de la alegría pascual, viviendo con confianza en la promesa de la vida eterna.

Preguntas para Reflexión:

¿De qué manera estoy viviendo la alegría de la resurrección en mi vida cotidiana?

¿Qué aspectos de mi vida necesitan ser iluminados por la victoria de Cristo sobre la muerte?

¿Cómo puedo ser testigo de la Pascua para quienes me rodean?

_____

_____

_____

_____

_____

_____

Propósito del Mes: Que este abril sea un tiempo de gozo y renovación espiritual. Vive la Pascua con el corazón lleno de gratitud y deja que el amor del Resucitado transforme cada rincón de tu vida, llevándote a ser testigo de Su luz en el mundo.

CALENDARIO LITÚRGICO - ABRIL 2025

Domingo	Lunes	Martes	Miércoles	Jueves	Viernes	Sábado
		1	2 San Francisco de Paula	3 San Isidoro	4 San Vicente Ferrer	5
6 Domingo de Ramos	7 San Juan Bautista de La Salle	8	9	10 San Estanislao	11	12
13 San Martín I	14	15	16	17 Jueves Santo	18 Viernes Santo	19 Sábado Santo
20 Domingo de Pascua	21	22 Octava de Pascua	23 San Jorge	24 San Fidel de Sigmaringa	25 San Marcos Evangelista	26
27 Domingo de la Divina Misericordia	28 San Pedro Chanel	29 Santa Catalina de Siena	30 San Pío V			

Intención del Papa para abril

Por los Derechos de los Trabajadores

En abril, el Papa nos invita a reflexionar y orar por la dignidad de los trabajadores, especialmente aquellos que enfrentan condiciones laborales injustas o precarias. Esta intención nos recuerda que el trabajo no es solo un medio para ganar el sustento, sino también una expresión de nuestra dignidad y participación en la creación divina.

Como cristianos, estamos llamados a promover la justicia social, defender los derechos de los trabajadores y buscar que cada empleo sea un espacio donde las personas puedan crecer y desarrollar sus talentos en un ambiente digno y respetuoso.

Texto Oficial de la Intención:

"Oremos para que los derechos de los trabajadores sean respetados y para que todos puedan disfrutar de un trabajo digno y seguro."

Espacio para Reflexión Personal:

¿Cómo puedo apoyar a quienes enfrentan condiciones laborales difíciles?

¿Qué puedo hacer para promover la justicia y la dignidad en los espacios de trabajo que frecuento?

¿De qué manera estoy contribuyendo a crear un entorno donde todos puedan vivir con respeto y seguridad?

Escribe tus reflexiones aquí:

_____
_____
_____
_____
_____
_____
_____
_____
_____
_____
_____
_____
_____
_____
_____
_____
_____
_____
_____
_____
_____
_____
_____
_____
_____
_____
_____
_____
_____

Este mes, además de orar, considera formas de apoyar a los trabajadores en tu comunidad: busca oportunidades para abogar por la justicia laboral, promueve valores éticos en el trabajo y muestra gratitud a quienes hacen posible tu día a día con su esfuerzo.

Mis Intenciones de Oración para este Mes

"Él murió por todos, para que los que viven ya no vivan para sí mismos."
(2 Corintios 5:15)

Por mi familia:

_____
_____
_____
_____

Por mis amigos y seres queridos:

_____
_____
_____
_____

Por mi comunidad:

_____
_____
_____
_____
_____

Por el mundo:

_____
_____
_____
_____

Mis reflexiones y oraciones personales:

_____
_____
_____
_____

LECTURAS
SAGRADAS
ABRIL

Primera Lectura

"Donde fluya esta agua, habrá vida"
(Ezequiel 47, 1-9.12)

En aquellos días, el ángel me llevó de nuevo a la entrada del templo.
Vi que brotaba agua desde el umbral,
fluyendo hacia el oriente,
pues el templo miraba en esa dirección.

El agua corría hacia el sur del altar.
Luego me sacó por la puerta norte
y me llevó a la puerta exterior que da al oriente.
El agua fluía por el lado derecho.

El hombre que tenía un cordel en la mano
salió hacia el oriente y midió mil codos.
Me hizo atravesar el agua:
me llegaba hasta los tobillos.

Midió otros mil codos y me hizo cruzar:
el agua me llegaba a las rodillas.
Midió otros mil y me hizo pasar:
el agua llegaba a la cintura.

Midió otros mil, y era ya un río imposible de vadear:
las aguas eran profundas,
un torrente que no podía cruzarse a pie.

Entonces me dijo:
"¿Has visto esto, hijo de hombre?"

Me llevó de regreso por la orilla del río.
Al volver, vi árboles en abundancia
creciendo a lo largo de ambas riberas.

Luego me explicó:
"Estas aguas fluyen hacia el este,
bajan al valle árido y desembocan en el mar salado,
sanándolo con su corriente.

Dondequiera que llegue esta agua, habrá vida.
Los peces serán abundantes
porque esta corriente sanará las aguas.
Todo vivirá donde el río llegue.

A ambos lados del río crecerán árboles frutales
que darán cosecha nueva cada mes,
porque los riega el agua que fluye del santuario.
Sus frutos serán alimento
y sus hojas medicina."

Salmo Responsorial

(Salmo 45)

R/. El Señor de los ejércitos está con nosotros, nuestro refugio es el Dios de Jacob.

Dios es nuestro refugio y fortaleza,
siempre listo para socorrernos en la angustia.
Por eso no tememos aunque la tierra tiemble,
y los montes caigan en el fondo del mar. **R/.**

Los canales de un río alegran la ciudad de Dios,
la morada santa del Altísimo.
Dios está en ella, no vacilará;
Dios la socorre al despuntar la aurora. **R/.**

El Señor de los ejércitos está con nosotros,
nuestro refugio es el Dios de Jacob.
Vengan a ver las obras del Señor,
las maravillas que ha hecho sobre la tierra. **R/.**

Evangelio

Juan 5,1-3.5-16
Levántate, toma tu camilla y anda

Durante una fiesta de los judíos, Jesús subió a Jerusalén. Allí, junto a la puerta de las ovejas, se encontraba la piscina de Betesda, con cinco pórticos donde yacían numerosos enfermos: ciegos, cojos y paralíticos.

Entre ellos había un hombre que llevaba treinta y ocho años enfermo. Jesús, al verlo y conocer su situación, le preguntó: «¿Quieres quedar sano?»

El enfermo respondió: «Señor, no tengo a nadie que me ayude a entrar en la piscina cuando el agua se agita; siempre llega otro antes que yo.»

Jesús le dijo: «Levántate, toma tu camilla y anda.» En ese instante, el hombre quedó sano, tomó su camilla y comenzó a caminar.

Era sábado, y algunos judíos le dijeron: «Hoy es sábado, no puedes llevar tu camilla.» Pero él respondió: «El que me sanó me dijo que la tomara y anduviera.»

Le preguntaron: «¿Quién te dijo eso?» Sin embargo, el hombre no sabía quién lo había sanado, pues Jesús, entre la multitud, se había apartado.

Más tarde, Jesús lo encontró en el templo y le dijo: «Mira, has sido sanado; no vuelvas a pecar, para que no te ocurra algo peor.»

El hombre contó a los judíos que había sido Jesús quien lo sanó, y desde entonces comenzaron a perseguirlo, porque hacía estas cosas en sábado.

Espacio para Escuchar y Responder a Dios

Para meditar:

¿Qué mensaje me ha hablado hoy Dios a través de su Palabra?
¿Cómo puedo aplicar esta enseñanza en mi vida diaria?
¿Hay algo que el Señor me está llamando a cambiar o fortalecer?

Escribe tu reflexión:

_____
_____
_____
_____
_____
_____

Propósito del día:

Hoy me propongo:
Ser más consciente de la presencia de Dios en mi día.
Practicar un acto de amor o servicio hacia alguien.
Dedicar un momento especial a la oración.

Anota tu propósito:

_____
_____
_____
_____
_____
_____

Oración: *Señor, gracias por este momento de encuentro contigo.*
Que tu Palabra transforme mi corazón y me guíe en este día.
Que todo lo que haga sea para tu gloria. Enséñame a caminar en tu voluntad, con amor y confianza en Ti.
Amén.

Primera Lectura

"Te he constituido alianza del pueblo para restaurar la tierra"
(Isaías 49, 8-15)

Así dice el Señor:

"En el tiempo de mi favor te he escuchado,
en el día de la salvación te he ayudado.

Te he protegido
y te he convertido en alianza del pueblo,
para restaurar la tierra,
para devolver las herencias devastadas.

Dirás a los cautivos: 'Salgan',
y a los que están en tinieblas: 'Vengan a la luz'.

Aun en los caminos encontrarán pasto,
y en las laderas desiertas tendrán praderas.

No sufrirán hambre ni sed,
no los herirá el sol ni el calor abrasador,
porque el Señor, que se compadece de ellos,
los guiará junto a manantiales de agua.

Convertiré mis montes en caminos,
y mis senderos serán allanados.

Miren cómo vienen de lejos,
unos del norte y del occidente,
otros de la tierra de Sin.

Alégrense, cielos,
regocíjate, tierra,
prorrumpan en cánticos, montañas,
porque el Señor consuela a su pueblo
y se compadece de sus pobres.

Sión decía: 'El Señor me ha abandonado,
mi Dios me ha olvidado.'

¿Puede una madre olvidar a su hijo,
o dejar de amar al fruto de sus entrañas?
Pues aunque ella lo olvidara,
¡yo jamás te olvidaré!"

Salmo Responsorial

(Salmo 144)

R/. El Señor es clemente y misericordioso.

El Señor es compasivo y misericordioso,
lento a la ira y grande en amor.
El Señor es bueno con todos,
tierno con todas sus criaturas. **R/.**

El Señor es fiel a sus promesas,
bondadoso en todas sus obras.
Sostiene a los que van a caer,
y levanta a los que ya se doblan. **R/.**

El Señor es justo en todos sus caminos,
bondadoso en todas sus acciones.
Cerca está el Señor de quienes lo invocan,
de quienes lo invocan con sinceridad. **R/.**

Evangelio

Juan 5,17-30
El Hijo da vida a quienes quiere

Jesús dijo a los judíos: «Mi Padre sigue actuando, y yo también actúo.»
Por esto, querían matarlo aún más, pues no solo quebrantaba el sábado,
sino que se hacía igual a Dios al llamarlo su Padre.

Jesús continuó: «Os aseguro que el Hijo no puede hacer nada por sí
mismo, sino lo que ve hacer al Padre. Lo que hace el Padre, también lo
hace el Hijo, porque el Padre lo ama y le muestra todo lo que Él hace.

Así como el Padre resucita a los muertos y les da vida, el Hijo también da vida a quienes quiere. El Padre no juzga a nadie, sino que ha dado al Hijo la potestad de juzgar, para que todos lo honren como honran al Padre.

Quien escucha mi palabra y cree en el que me ha enviado tiene vida eterna y no será juzgado, porque ha pasado de la muerte a la vida.

Llega la hora, y ya está aquí, en que los muertos oirán la voz del Hijo de Dios y vivirán. Así como el Padre tiene vida en sí mismo, ha concedido al Hijo tener vida en sí mismo y le ha dado autoridad para juzgar, porque es el Hijo del Hombre.

No os sorprendáis: llega la hora en que todos los que están en los sepulcros oirán su voz. Los que hayan obrado el bien resucitarán para la vida; los que hayan obrado el mal, para la condenación.

Yo no actúo por mi cuenta; juzgo según lo que oigo, y mi juicio es justo, porque no busco mi voluntad, sino la voluntad del que me ha enviado.»

Espacio para Escuchar y Responder a Dios

Para meditar:

¿Qué mensaje me ha hablado hoy Dios a través de su Palabra?
¿Cómo puedo aplicar esta enseñanza en mi vida diaria?
¿Hay algo que el Señor me está llamando a cambiar o fortalecer?

Escribe tu reflexión:

_____
_____
_____
_____
_____
_____

Propósito del día:

Hoy me propongo:
Ser más consciente de la presencia de Dios en mi día.
Practicar un acto de amor o servicio hacia alguien.
Dedicar un momento especial a la oración.

Anota tu propósito:

_____
_____
_____
_____
_____
_____

Oración: *Señor, gracias por este momento de encuentro contigo. Que tu Palabra transforme mi corazón y me guíe en este día. Que todo lo que haga sea para tu gloria. Enséñame a caminar en tu voluntad, con amor y confianza en Ti. Amén.*

Primera Lectura

"Moisés intercede por el pueblo"
(Éxodo 32, 7-14)

En aquellos días, el Señor dijo a Moisés:

"Baja enseguida, porque tu pueblo,
el que sacaste de Egipto,
se ha corrompido.

Muy pronto se apartaron del camino
que les había señalado.
Se han hecho un becerro de metal,
se han postrado ante él,
le han ofrecido sacrificios y han dicho:
'Este es tu dios, Israel,
el que te sacó de Egipto.'"

El Señor continuó:
"Veo que este pueblo es terco y obstinado.
Déjame que mi ira arda contra ellos
hasta consumirlos,
y de ti haré una gran nación."

Entonces Moisés suplicó al Señor, su Dios:

"Señor, ¿por qué ha de encenderse tu ira
contra este pueblo,
que tú mismo sacaste de Egipto
con mano poderosa y brazo extendido?

¿Por qué han de decir los egipcios:
'Los sacó con malas intenciones,
para hacerlos perecer en las montañas
y borrarlos de la faz de la tierra'?

Apaga el fuego de tu ira,
arrepiéntete del castigo contra tu pueblo.

Acuérdate de tus siervos,
Abrahán, Isaac e Israel,
a quienes juraste por ti mismo, diciendo:

'Multiplicaré su descendencia
como las estrellas del cielo,
y les daré para siempre
la tierra que les prometí.'"

Entonces el Señor desistió
del castigo con que había amenazado a su pueblo.

Salmo Responsorial

(Salmo 105)

R/. Acuérdate de mí, Señor, por amor a tu pueblo.

En el monte Horeb hicieron un becerro,
adoraron un ídolo de metal.
Cambiaron su gloria
por la imagen de un toro que se alimenta de hierba. **R/.**

Se olvidaron de Dios, su salvador,
que había hecho grandes maravillas en Egipto,
prodigios en la tierra de Cam,
portentos junto al Mar Rojo. **R/.**

Dios estaba decidido a destruirlos,
pero Moisés, su elegido,
se interpuso en la brecha ante Él,
para apartar su ira
y evitar su destrucción. **R/.**

Evangelio

Juan 5,31-47
Moisés es quien os acusa

Jesús dijo a los judíos: «Si yo testifico sobre mí mismo, mi testimonio no es válido. Pero hay otro que da testimonio de mí, y sé que su testimonio es verdadero.

Vosotros enviasteis mensajeros a Juan, y él dio testimonio de la verdad. No es que yo dependa del testimonio de un hombre, pero os digo esto para que os salvéis. Juan era una lámpara que ardía y brillaba, y vosotros os alegrasteis por un tiempo en su luz.

Sin embargo, el testimonio que tengo es mayor que el de Juan: las obras que el Padre me ha permitido realizar. Esas obras dan testimonio de que el Padre me ha enviado.

El Padre mismo ha dado testimonio de mí, pero vosotros nunca habéis escuchado su voz ni visto su rostro, y su palabra no habita en vosotros, porque no creéis en aquel a quien él ha enviado.

Escudriñáis las Escrituras pensando que en ellas encontraréis vida eterna, pero ellas dan testimonio de mí, y aun así no queréis venir a mí para tener vida.

No busco la gloria que proviene de los hombres, pero sé que el amor de Dios no está en vosotros. He venido en nombre de mi Padre y no me recibís, pero si otro viene en su propio nombre, a él sí lo recibiréis.

¿Cómo podréis creer, si os dais gloria unos a otros y no buscáis la gloria que viene de Dios?

No penséis que seré yo quien os acuse ante el Padre; hay alguien que os acusa: Moisés, en quien habéis puesto vuestra esperanza. Si le creyerais, también me creeríais a mí, porque él escribió sobre mí. Pero si no creéis en sus escritos, ¿cómo creeréis en mis palabras?»

Espacio para Escuchar y Responder a Dios

Para meditar:

¿Qué mensaje me ha hablado hoy Dios a través de su Palabra?
¿Cómo puedo aplicar esta enseñanza en mi vida diaria?
¿Hay algo que el Señor me está llamando a cambiar o fortalecer?

Escribe tu reflexión:

_____
_____
_____
_____
_____
_____

Propósito del día:

Hoy me propongo:
Ser más consciente de la presencia de Dios en mi día.
Practicar un acto de amor o servicio hacia alguien.
Dedicar un momento especial a la oración.

Anota tu propósito:

_____
_____
_____
_____
_____
_____

Oración: *Señor, gracias por este momento de encuentro contigo.*
Que tu Palabra transforme mi corazón y me guíe en este día.
Que todo lo que haga sea para tu gloria. Enséñame a caminar en tu voluntad, con amor y confianza en Ti.
Amén.

Viernes, 4 de abril de 2025

Primera Lectura

"Condenémoslo a una muerte humillante"
(Sabiduría 2, 1a. 12-22)

Los impíos razonaban entre sí equivocadamente y decían:

"Acechemos al justo,
porque nos incomoda su presencia.
Se opone a nuestras acciones,
nos reprocha nuestras faltas,
nos acusa de vivir sin verdad.

Se proclama conocedor de Dios
y se llama a sí mismo hijo del Señor.
Su sola presencia nos resulta insoportable,
porque su vida es diferente a la de los demás
y sus caminos son distintos.

Nos considera impuros
y se aparta de nosotros como de la inmundicia.
Afirma que el destino de los justos es dichoso
y se gloria de tener a Dios por Padre.

Veamos si sus palabras son ciertas,
pongamos a prueba su vida hasta el final.
Si es realmente hijo de Dios,
Él vendrá en su auxilio y lo librará
de las manos de sus enemigos.

Sometámoslo a la humillación y al tormento,
veamos si es capaz de soportarlo con paciencia.
Condenémoslo a una muerte deshonrosa,
pues él asegura que Dios cuidará de él."

Así piensan, pero están equivocados.
Su maldad los ciega.
No comprenden los misterios de Dios,
no esperan la recompensa de la virtud,
ni reconocen el premio reservado
para una vida íntegra.

Salmo Responsorial

(Salmo 33)

R/. El Señor está cerca de los atribulados.

El Señor se enfrenta con los malvados,
para borrar de la tierra su memoria.
Cuando los justos claman, el Señor los escucha
y los libra de todas sus angustias. **R/.**

El Señor está cerca de los que sufren,
salva a los que han perdido la esperanza.
Aunque el justo pase por muchas pruebas,
de todas lo librará el Señor. **R/.**

Él protege cada uno de sus huesos,
ni uno solo será quebrado.
El Señor rescata a sus siervos,
y quienes se refugian en Él no serán condenados. **R/.**

Evangelio

Juan 7,1-2.10.25-30
Intentaban apresarlo, pero aún no era su hora

Jesús recorría la Galilea, pues evitaba Judea porque los judíos querían matarlo. Se acercaba la fiesta judía de las Tiendas, y después de que sus parientes partieron, él también subió, pero en secreto.

Algunos de Jerusalén decían: «¿No es este el hombre al que quieren matar? Sin embargo, habla abiertamente y nadie le dice nada. ¿Será que las autoridades han reconocido que es el Mesías? Pero sabemos de dónde viene, y cuando llegue el Mesías, nadie sabrá de dónde procede.»

Mientras enseñaba en el templo, Jesús exclamó: «Vosotros me conocéis y sabéis de dónde vengo. Sin embargo, no he venido por mi cuenta, sino enviado por aquel que es veraz. A él no lo conocéis, pero yo sí lo conozco porque procedo de él y él me ha enviado.»

Intentaban apresarlo, pero nadie pudo ponerle la mano encima, porque aún no había llegado su hora.

Espacio para Escuchar y Responder a Dios

Para meditar:

¿Qué mensaje me ha hablado hoy Dios a través de su Palabra?
¿Cómo puedo aplicar esta enseñanza en mi vida diaria?
¿Hay algo que el Señor me está llamando a cambiar o fortalecer?

Escribe tu reflexión:

_____
_____
_____
_____
_____
_____

Propósito del día:

Hoy me propongo:
Ser más consciente de la presencia de Dios en mi día.
Practicar un acto de amor o servicio hacia alguien.
Dedicar un momento especial a la oración.

Anota tu propósito:

_____
_____
_____
_____
_____
_____

Oración: *Señor, gracias por este momento de encuentro contigo.*
Que tu Palabra transforme mi corazón y me guíe en este día.
Que todo lo que haga sea para tu gloria. Enséñame a caminar en tu
voluntad, con amor y confianza en Ti.
Amén.

Primera Lectura

"Como cordero llevado al matadero"
(Jeremías 11, 18-20)

El Señor me reveló sus planes,
y entonces comprendí.
Me mostró lo que tramaban contra mí.

Yo era como un cordero manso
llevado al matadero,
sin saber que maquinaban mi muerte.

Decían:
"Destruyámoslo en plena vida,
arranquémoslo de la tierra de los vivientes.
Que su nombre sea olvidado para siempre."

Pero Tú, Señor de los ejércitos,
juzgas con justicia,
escudriñas los corazones y las entrañas.

A Ti encomiendo mi causa,
y confío en que veré tu justicia
manifestada sobre mis enemigos.

Salmo Responsorial

(Salmo 7)

R/. Señor, Dios mío, en Ti me refugio.

Señor, Dios mío, en Ti me refugio,
sálvame de mis perseguidores,
líbrame de sus manos,
que no me atrapen como leones
y me despedacen sin remedio. **R/.**

Júzgame, Señor, según mi justicia,
según la integridad que hay en mí.
Que cese la maldad de los impíos,
y fortalece al justo,
Tú que examinas el corazón y la mente,
Tú, Dios de justicia. **R/.**

Mi escudo es Dios,
que salva a los rectos de corazón.
Dios es un juez justo,
que cada día emite su sentencia. **R/.**

Evangelio

Juan 7,40-53
¿Puede venir el Mesías de Galilea?

Al escuchar las palabras de Jesús, algunos decían: «Este es realmente el profeta.» Otros afirmaban: «Este es el Mesías.» Pero algunos cuestionaban: «¿Acaso el Mesías puede venir de Galilea? ¿No dice la Escritura que el Mesías vendrá del linaje de David y de Belén, el pueblo de David?»

Así surgió una disputa entre la gente por su causa. Algunos querían apresarlo, pero nadie le puso la mano encima.

Los guardias del templo fueron donde los sumos sacerdotes y fariseos, quienes les preguntaron: «¿Por qué no lo habéis traído?» Ellos respondieron: «Jamás ha hablado nadie como ese hombre.»

Los fariseos replicaron: «¿También vosotros os habéis dejado engañar? ¿Acaso algún jefe o fariseo ha creído en él? Esta gente que no conoce la Ley está maldita.»

Entonces, Nicodemo, que antes había visitado a Jesús y era fariseo, les dijo: «¿Acaso nuestra ley juzga a alguien sin antes escucharlo y conocer lo que ha hecho?»

Ellos le respondieron: «¿También tú eres de Galilea? Estudia y verás que de Galilea no salen profetas.»

Y cada uno regresó a su casa.

Espacio para Escuchar y Responder a Dios

Para meditar:

¿Qué mensaje me ha hablado hoy Dios a través de su Palabra?
¿Cómo puedo aplicar esta enseñanza en mi vida diaria?
¿Hay algo que el Señor me está llamando a cambiar o fortalecer?

Escribe tu reflexión:

_____
_____
_____
_____
_____
_____

Propósito del día:

Hoy me propongo:
Ser más consciente de la presencia de Dios en mi día.
Practicar un acto de amor o servicio hacia alguien.
Dedicar un momento especial a la oración.

Anota tu propósito:

_____
_____
_____
_____
_____

Oración: *Señor, gracias por este momento de encuentro contigo.*
Que tu Palabra transforme mi corazón y me guíe en este día.
Que todo lo que haga sea para tu gloria. Enséñame a caminar en tu
voluntad, con amor y confianza en Ti.
Amén.

Primera Lectura

"Estoy haciendo algo nuevo: apagaré la sed de mi pueblo"
(Isaías 43, 16-21)

Así dice el Señor,
el que abrió un camino en el mar
y una senda en las aguas impetuosas,
el que sacó a la batalla carros y caballos,
tropas de valientes que cayeron
para no levantarse más,
apagados como una mecha que se extingue:

"No recordéis lo pasado,
no os detengáis en lo antiguo.

Mirad, estoy haciendo algo nuevo,
ya está brotando, ¿no lo percibís?

Abriré caminos en el desierto,
haré brotar ríos en tierras áridas.

Las bestias del campo me glorificarán,
chacales y avestruces,
porque haré brotar agua en el desierto,
ríos en la tierra seca,
para saciar la sed de mi pueblo elegido.

Este es el pueblo que he formado para mí,
y proclamará mi alabanza."

Salmo Responsorial

(Salmo 125)

R/. El Señor ha estado grande con nosotros, y estamos alegres.

Cuando el Señor cambió la suerte de Sión,
nos parecía soñar:
la boca se nos llenaba de risas,
la lengua de cantos de alegría. **R/.**

Hasta los paganos decían:
"El Señor ha estado grande con ellos."
El Señor ha estado grande con nosotros,
y estamos alegres. **R/.**

Haz que nuestra suerte cambie, Señor,
como los torrentes del desierto.
Los que siembran entre lágrimas
cosechan entre cánticos de júbilo. **R/.**

Al ir, iban llorando,
llevando la semilla;
al regresar, vuelven cantando,
trayendo sus gavillas. **R/.**

Segunda Lectura

"Corro hacia la meta, para ganar el premio en Cristo"
(Filipenses 3, 8-14)

Hermanos:

Considero que todo lo demás
es pérdida ante la grandeza de conocer a Cristo Jesús, mi Señor.

Por Él lo he perdido todo,
y lo tengo por nada,
con tal de ganar a Cristo y vivir en Él,
no con la justicia que viene de la Ley,
sino con la que nace de la fe en Cristo,
la justicia que Dios concede a los que creen.

Mi deseo es conocer a Cristo,
experimentar el poder de su resurrección
y compartir sus sufrimientos,
configurándome con su muerte,
para alcanzar la resurrección de entre los muertos.

No digo que ya haya alcanzado la meta
o que ya haya llegado a la perfección,
pero sigo corriendo para alcanzarla,
pues Cristo Jesús me alcanzó primero.

Hermanos, no pienso que ya lo haya conseguido.
Solo sé una cosa:
olvidando lo que queda atrás
y esforzándome por lo que está por delante,
sigo corriendo hacia la meta,
para recibir el premio al que Dios me llama desde lo alto,
en Cristo Jesús.

Evangelio

Juan 8,1-11
El que esté libre de pecado, que arroje la primera piedra

Jesús se retiró al monte de los Olivos. Al amanecer, volvió al templo, y la gente se acercó a él. Se sentó y comenzó a enseñarles.

En ese momento, los escribas y fariseos le llevaron a una mujer sorprendida en adulterio, la colocaron en medio y dijeron: «Maestro, esta mujer ha sido sorprendida en flagrante adulterio. En la Ley, Moisés nos ordenó apedrear a estas mujeres. ¿Tú qué dices?»

Lo decían para ponerlo a prueba y tener de qué acusarlo.

Pero Jesús, inclinándose, escribía en el suelo con el dedo. Como insistían en preguntarle, se incorporó y les dijo: «Aquel de vosotros que esté libre de pecado, que arroje la primera piedra.»

E inclinándose de nuevo, siguió escribiendo en el suelo.

Al escuchar esto, comenzaron a irse uno a uno, empezando por los más ancianos. Jesús quedó solo con la mujer, que seguía allí.

Entonces, Jesús se incorporó y le preguntó: «Mujer, ¿dónde están? ¿Ninguno te ha condenado?»

Ella respondió: «Ninguno, Señor.»

Jesús le dijo: «Tampoco yo te condeno. Vete, y no peques más.»

Espacio para Escuchar y Responder a Dios

Para meditar:

¿Qué mensaje me ha hablado hoy Dios a través de su Palabra?
¿Cómo puedo aplicar esta enseñanza en mi vida diaria?
¿Hay algo que el Señor me está llamando a cambiar o fortalecer?

Escribe tu reflexión:

_____
_____
_____
_____
_____
_____

Propósito del día:

Hoy me propongo:
Ser más consciente de la presencia de Dios en mi día.
Practicar un acto de amor o servicio hacia alguien.
Dedicar un momento especial a la oración.

Anota tu propósito:

_____
_____
_____
_____
_____
_____

Oración: *Señor, gracias por este momento de encuentro contigo.*
Que tu Palabra transforme mi corazón y me guíe en este día.
Que todo lo que haga sea para tu gloria. Enséñame a caminar en tu
voluntad, con amor y confianza en Ti.
Amén.

Lunes, 7 de abril de 2025

Primera Lectura

"Dios salva a los que esperan en Él"
(Daniel 13, 1-9.15-17.19-30.33-62)

En aquellos días, vivía en Babilonia un hombre llamado Joaquín, casado con Susana, hija de Jelcías, una mujer bella y temerosa de Dios. Sus padres la habían educado según la ley de Moisés. Joaquín era un hombre rico y respetado, y en su casa tenía un hermoso jardín donde los judíos solían reunirse.

Ese año fueron nombrados jueces dos ancianos del pueblo, de quienes el Señor dice: *"En Babilonia ha brotado la maldad en los jueces que pasaban por guías del pueblo."*

Estos dos ancianos comenzaron a desear a Susana y, llenos de perversión, acechaban el momento oportuno para encontrarse con ella a solas. Un día, mientras ella se bañaba en el jardín sin saber que ellos la observaban, los dos hombres se le acercaron y le dijeron:
"Las puertas del jardín están cerradas, nadie nos ve. Entrégate a nosotros o daremos testimonio de que un joven estaba contigo."

Susana, angustiada, respondió:
"Si cedo, peco contra Dios; si me resisto, ustedes me condenarán con su mentira. Pero prefiero caer en sus manos antes que pecar contra el Señor."

Y comenzó a gritar. Los ancianos también gritaron y abrieron las puertas del jardín. Al escuchar los gritos, los sirvientes acudieron y los ancianos relataron su versión falsa de los hechos.

Al día siguiente, presentaron a Susana ante el pueblo y la acusaron. Como eran jueces, su testimonio fue creído y Susana fue condenada a muerte. Pero ella, llorando, clamó al Señor:
"Dios eterno, que conoces lo oculto, sabes que han dado falso testimonio contra mí. ¡Soy inocente!"

Entonces el Señor inspiró a un joven llamado Daniel, quien se levantó y exclamó:
"¿Es posible que condenen a una hija de Israel sin investigar bien el caso? Vuelvan a juzgar, porque han dado falso testimonio contra ella."

Separaron a los ancianos y Daniel interrogó al primero:
"Dime, ¿bajo qué árbol viste a Susana con el joven?"
Él respondió: *"Debajo de una acacia."*

Entonces Daniel dijo:
"Tu mentira se vuelve contra ti. El ángel de Dios ya ha recibido la orden de partirte por la mitad."

Luego interrogó al segundo anciano:
"¿Bajo qué árbol los viste?"
Él respondió: *"Debajo de una encina."*

Daniel replicó:
"También tú has mentido. El ángel de Dios te cortará en dos."

Toda la asamblea gritó y bendijo a Dios, que salva a los inocentes. Los jueces fueron condenados según la ley de Moisés y ese día se salvó una vida justa.

Salmo Responsorial

(Salmo 22)

R/. Aunque camine por cañadas oscuras, nada temo, porque tú vas conmigo.

El Señor es mi pastor, nada me falta:
en verdes praderas me hace recostar;
me conduce hacia fuentes tranquilas
y repara mis fuerzas. **R/.**

Me guía por el sendero justo,
por el honor de su nombre.
Aunque camine por cañadas oscuras,
nada temo, porque tú vas conmigo:
tu vara y tu cayado me sosiegan. **R/.**

Preparas una mesa ante mí,
enfrente de mis enemigos;
me unges la cabeza con perfume,
y mi copa rebosa. **R/.**

Tu bondad y tu misericordia me acompañan
todos los días de mi vida,
y habitaré en la casa del Señor
por años sin término. **R/.**

Evangelio

Juan 8,1-11
El que esté libre de pecado, que arroje la primera piedra

Jesús se retiró al monte de los Olivos y, al amanecer, regresó al templo, donde la gente se reunió para escucharlo. Mientras enseñaba, los escribas y fariseos llevaron a una mujer sorprendida en adulterio y la pusieron en medio. Le dijeron:

«Maestro, esta mujer ha sido sorprendida en adulterio. En la Ley, Moisés ordenó apedrear a estas mujeres. ¿Tú qué dices?»

Lo decían para ponerlo a prueba y poder acusarlo.

Jesús, inclinándose, escribía en el suelo con el dedo. Como insistían, se incorporó y les dijo:

«El que esté libre de pecado, que arroje la primera piedra.»

E inclinándose de nuevo, siguió escribiendo.

Al oír esto, se fueron marchando uno a uno, comenzando por los más ancianos, hasta que quedó solo Jesús con la mujer.

Entonces, Jesús se enderezó y le preguntó:

«Mujer, ¿dónde están? ¿Ninguno te ha condenado?»

Ella respondió:

«Ninguno, Señor.»

Jesús le dijo:

«Tampoco yo te condeno. Vete y no peques más.»

Espacio para Escuchar y Responder a Dios

Para meditar:

¿Qué mensaje me ha hablado hoy Dios a través de su Palabra?
¿Cómo puedo aplicar esta enseñanza en mi vida diaria?
¿Hay algo que el Señor me está llamando a cambiar o fortalecer?

Escribe tu reflexión:

_____
_____
_____
_____
_____
_____

Propósito del día:

Hoy me propongo:
Ser más consciente de la presencia de Dios en mi día.
Practicar un acto de amor o servicio hacia alguien.
Dedicar un momento especial a la oración.

Anota tu propósito:

_____
_____
_____
_____
_____
_____

Oración: *Señor, gracias por este momento de encuentro contigo.*
Que tu Palabra transforme mi corazón y me guíe en este día.
Que todo lo que haga sea para tu gloria. Enséñame a caminar en tu
voluntad, con amor y confianza en Ti.
Amén.

Primera Lectura

"Los mordidos de serpientes quedarán sanos al mirar a la serpiente de bronce"
(Números 21, 4-9)

En aquellos días, desde el monte Hor se encaminaron los hebreos hacia el mar Rojo, rodeando el territorio de Edom. El pueblo estaba extenuado del camino, y habló contra Dios y contra Moisés:

«¿Por qué nos has sacado de Egipto para morir en el desierto? No tenemos ni pan ni agua, y nos da náusea ese pan sin cuerpo.»

Entonces el Señor envió contra el pueblo serpientes venenosas, que los mordían, y murieron muchos israelitas.

El pueblo acudió a Moisés y le dijo:

«Hemos pecado hablando contra el Señor y contra ti; reza al Señor para que aparte de nosotros las serpientes.»

Moisés intercedió por el pueblo, y el Señor le respondió:

«Haz una serpiente venenosa y colócala en un estandarte: los mordidos de serpientes quedarán sanos al mirarla.»

Moisés hizo una serpiente de bronce y la colocó en un estandarte. Cuando una serpiente mordía a alguien, este miraba a la serpiente de bronce y quedaba curado.

Salmo Responsorial

(Salmo 101)

R/. Señor, escucha mi oración, que mi grito llegue hasta ti.

Señor, escucha mi oración,
que mi grito llegue hasta ti;
no me escondas tu rostro
el día de la desgracia.

Inclina tu oído hacia mí;
cuando te invoco, escúchame en seguida. **R/.**

Los gentiles temerán tu nombre,
los reyes del mundo, tu gloria.
Cuando el Señor reconstruya Sión
y aparezca en su gloria,
y se vuelva a las súplicas de los indefensos,
y no desprecie sus peticiones. **R/.**

Quede esto escrito para la generación futura,
y el pueblo que será creado alabará al Señor.
Que el Señor ha mirado desde su excelso santuario,
desde el cielo se ha fijado en la tierra,
para escuchar los gemidos de los cautivos
y librar a los condenados a muerte. **R/.**

Evangelio

Juan 8,21-30
Cuando levantéis al Hijo del hombre, sabréis que yo soy

Jesús dijo a los fariseos:

«Yo me voy, y me buscaréis, pero moriréis en vuestro pecado. Donde yo voy, vosotros no podéis ir.»

Los judíos comentaban:

«¿Acaso va a suicidarse, y por eso dice que no podemos ir donde él va?»

Jesús continuó:

«Vosotros sois de aquí abajo, yo soy de arriba. Vosotros sois de este mundo, yo no soy de este mundo. Por eso os he dicho que moriréis en vuestros pecados, porque si no creéis que yo soy, moriréis en vuestros pecados.»

Ellos preguntaron:

«¿Quién eres tú?»

Jesús respondió:

«Desde el principio os lo he dicho. Podría hablar y juzgar muchas cosas sobre vosotros, pero el que me envió es veraz, y yo comunico al mundo lo que he aprendido de él.»

Ellos no entendieron que les hablaba del Padre, por lo que Jesús añadió:

«Cuando levantéis al Hijo del hombre, entonces sabréis que yo soy, y que no hago nada por mi cuenta, sino que hablo como el Padre me ha enseñado. El que me envió está conmigo y no me ha dejado solo, porque siempre hago lo que le agrada.»

Al escuchar esto, muchos creyeron en él.

Espacio para Escuchar y Responder a Dios

Para meditar:

¿Qué mensaje me ha hablado hoy Dios a través de su Palabra?
¿Cómo puedo aplicar esta enseñanza en mi vida diaria?
¿Hay algo que el Señor me está llamando a cambiar o fortalecer?

Escribe tu reflexión:

_____
_____
_____
_____
_____
_____

Propósito del día:

Hoy me propongo:
Ser más consciente de la presencia de Dios en mi día.
Practicar un acto de amor o servicio hacia alguien.
Dedicar un momento especial a la oración.

Anota tu propósito:

_____
_____
_____
_____
_____
_____

Oración: *Señor, gracias por este momento de encuentro contigo.*
Que tu Palabra transforme mi corazón y me guíe en este día.
Que todo lo que haga sea para tu gloria. Enséñame a caminar en tu
voluntad, con amor y confianza en Ti.
Amén.

Primera Lectura

"Envió un ángel a salvar a sus siervos"
(Daniel 3,14-20.91-92.95)

En aquellos días, el rey Nabucodonosor dijo:

«¿Es cierto, Sidrac, Misac y Abdénago, que no respetáis a mis dioses ni adoráis la estatua de oro que he erigido? Mirad: si al oír tocar la trompa, la flauta, la cítara, el laúd, el arpa, la vihuela y todos los demás instrumentos, estáis dispuestos a postraros adorando la estatua que he hecho, hacedlo; pero, si no la adoráis, seréis arrojados al punto al horno encendido, y ¿qué dios os librará de mis manos?»

Sidrac, Misac y Abdénago contestaron:

«Majestad, a eso no tenemos por qué responder. El Dios a quien veneramos puede librarnos del horno encendido y nos librará de tus manos. Y aunque no lo haga, conste, majestad, que no veneramos a tus dioses ni adoramos la estatua de oro que has erigido.»

Nabucodonosor, furioso contra Sidrac, Misac y Abdénago, y con el rostro desencajado por la rabia, mandó encender el horno siete veces más fuerte que de costumbre, y ordenó a sus soldados más robustos que atasen a Sidrac, Misac y Abdénago y los echasen en el horno encendido.

El rey los oyó cantar himnos; extrañado, se levantó y, al verlos vivos, preguntó, estupefacto, a sus consejeros:

«¿No eran tres los hombres que atamos y echamos al horno?»

Le respondieron:

«Así es, majestad.»

Preguntó:

«¿Entonces, cómo es que veo cuatro hombres, sin atar, paseando por el horno sin sufrir nada? Y el cuarto parece un ser divino.»

Nabucodonosor entonces dijo:

«Bendito sea el Dios de Sidrac, Misac y Abdénago, que envió un ángel a salvar a sus siervos que, confiando en él, desobedecieron el decreto real y prefirieron arrostrar el fuego antes que venerar y adorar otros dioses que el suyo.»

Cántico Interleccional

(Daniel 3)

R/. A ti gloria y alabanza por los siglos.

Bendito eres, Señor, Dios de nuestros padres,
bendito tu nombre santo y glorioso. **R/.**

Bendito eres en el templo de tu santa gloria. **R/.**

Bendito eres sobre el trono de tu reino. **R/.**

Bendito eres tú, que sentado sobre querubines
sondeas los abismos. **R/.**

Bendito eres en la bóveda del cielo. **R/.**

Evangelio

Juan 8,31-42
Si el Hijo os hace libres, seréis verdaderamente libres

Jesús dijo a los judíos que habían creído en él:

«Si os mantenéis fieles a mi palabra, seréis verdaderamente mis discípulos. Conoceréis la verdad, y la verdad os hará libres.»

Ellos respondieron:

«Somos descendientes de Abrahán y nunca hemos sido esclavos de nadie. ¿Cómo puedes decir que seremos libres?»

Jesús les explicó:

«Os aseguro que todo el que comete pecado es esclavo del pecado. El esclavo no permanece en la casa para siempre, pero el hijo sí permanece. Y si el Hijo os hace libres, seréis verdaderamente libres.

Sé que sois descendientes de Abrahán, pero tratáis de matarme porque no aceptáis mi palabra. Yo hablo de lo que he visto junto a mi Padre, pero vosotros hacéis lo que habéis aprendido de vuestro padre.»

Ellos respondieron:

«Nuestro padre es Abrahán.»

Jesús les replicó:

«Si fuerais hijos de Abrahán, haríais lo que él hizo. Sin embargo, queréis matarme a mí, que os he dicho la verdad que escuché de Dios. Eso no lo hizo Abrahán. Vosotros actuáis según vuestro verdadero padre.»

Ellos replicaron:

«Nosotros no somos hijos de la prostitución; tenemos un solo Padre: Dios.»

Jesús concluyó:

«Si Dios fuera vuestro Padre, me amaríais, porque yo he salido de Dios y aquí estoy. No he venido por mi cuenta, sino que él me envió.»

Espacio para Escuchar y Responder a Dios

Para meditar:

¿Qué mensaje me ha hablado hoy Dios a través de su Palabra?
¿Cómo puedo aplicar esta enseñanza en mi vida diaria?
¿Hay algo que el Señor me está llamando a cambiar o fortalecer?

Escribe tu reflexión:

_____
_____
_____
_____
_____
_____

Propósito del día:

Hoy me propongo:
Ser más consciente de la presencia de Dios en mi día.
Practicar un acto de amor o servicio hacia alguien.
Dedicar un momento especial a la oración.

Anota tu propósito:

_____
_____
_____
_____
_____

Oración: *Señor, gracias por este momento de encuentro contigo. Que tu Palabra transforme mi corazón y me guíe en este día. Que todo lo que haga sea para tu gloria. Enséñame a caminar en tu voluntad, con amor y confianza en Ti.*
Amén.

Primera Lectura

"Serás padre de muchedumbre de pueblos"
(Génesis 17,3-9)

En aquellos días, Abrán cayó de bruces, y Dios le dijo:

«Mira, éste es mi pacto contigo: Serás padre de muchedumbre de pueblos. Ya no te llamarás Abrán, sino que te llamarás Abrahán, porque te hago padre de muchedumbre de pueblos. Te haré crecer sin medida, sacando pueblos de ti, y reyes nacerán de ti. Mantendré mi pacto contigo y con tu descendencia en futuras generaciones, como pacto perpetuo. Seré tu Dios y el de tus descendientes futuros. Os daré a ti y a tu descendencia futura la tierra en que peregrinas, la tierra de Canaán, como posesión perpetua, y seré su Dios.»

Dios añadió a Abrahán:

«Tú guarda mi pacto, que hago contigo y tus descendientes por generaciones.»

Salmo Responsorial

(Salmo 104)

R/. El Señor se acuerda de su alianza eternamente.

Recurrid al Señor y a su poder,
buscad continuamente su rostro.
Recordad las maravillas que hizo,
sus prodigios, las sentencias de su boca. **R/.**

¡Estirpe de Abrahán, su siervo;
hijos de Jacob, su elegido!
El Señor es nuestro Dios,
él gobierna toda la tierra. **R/.**

Se acuerda de su alianza eternamente,
de la palabra dada, por mil generaciones;
de la alianza sellada con Abrahán,
del juramento hecho a Isaac. **R/.**

Evangelio

Juan 8,51-59
Abrahán se alegró al ver mi día

Jesús dijo a los judíos:

«Os aseguro que quien guarda mi palabra no conocerá la muerte para siempre.»

Los judíos respondieron:

«Ahora estamos seguros de que tienes un demonio. Abrahán murió, también los profetas, y tú dices que quien guarde tu palabra no morirá. ¿Eres acaso mayor que nuestro padre Abrahán? ¿Quién te crees que eres?»

Jesús les contestó:

«Si yo me glorificara a mí mismo, mi gloria no valdría nada. Es mi Padre quien me glorifica, aquel a quien vosotros llamáis "nuestro Dios", aunque no lo conocéis. Yo sí lo conozco, y si dijera que no lo conozco, sería un mentiroso como vosotros. Pero yo lo conozco y cumplo su palabra.

Abrahán, vuestro padre, se alegró esperando ver mi día; lo vio y se llenó de gozo.»

Los judíos le dijeron:

«Aún no tienes cincuenta años, ¿y has visto a Abrahán?»

Jesús respondió:

«Os aseguro que antes de que Abrahán naciera, Yo soy.»

Entonces tomaron piedras para apedrearlo, pero Jesús se escondió y salió del templo.

Espacio para Escuchar y Responder a Dios

Para meditar:

¿Qué mensaje me ha hablado hoy Dios a través de su Palabra?
¿Cómo puedo aplicar esta enseñanza en mi vida diaria?
¿Hay algo que el Señor me está llamando a cambiar o fortalecer?

Escribe tu reflexión:

_____
_____
_____
_____
_____
_____

Propósito del día:

Hoy me propongo:
Ser más consciente de la presencia de Dios en mi día.
Practicar un acto de amor o servicio hacia alguien.
Dedicar un momento especial a la oración.

Anota tu propósito:

_____
_____
_____
_____
_____
_____

Oración: *Señor, gracias por este momento de encuentro contigo.*
Que tu Palabra transforme mi corazón y me guíe en este día.
Que todo lo que haga sea para tu gloria. Enséñame a caminar en tu
voluntad, con amor y confianza en Ti.
Amén.

Primera Lectura

"El Señor está conmigo, como fuerte soldado"
(Jeremías 20,10-13)

Oía el cuchicheo de la gente:

«Pavor en torno; delatadlo, vamos a delatarlo.»

Mis amigos acechaban mi traspié:

«A ver si se deja seducir, y lo abatiremos, lo cogeremos y nos vengaremos de él.»

Pero el Señor está conmigo, como fuerte soldado;
mis enemigos tropezarán y no podrán conmigo.
Se avergonzarán de su fracaso
con sonrojo eterno que no se olvidará.

Señor de los ejércitos, que examinas al justo
y sondeas lo íntimo del corazón,
que yo vea la venganza que tomas de ellos,
porque a ti encomendé mi causa.

**Cantad al Señor, alabad al Señor,
que libró la vida del pobre de manos de los impíos.**

Salmo Responsorial

(Salmo 17)

R/. En el peligro invoqué al Señor, y me escuchó.

Yo te amo, Señor; tú eres mi fortaleza;
Señor, mi roca, mi alcázar, mi libertador. **R/.**

Dios mío, peña mía, refugio mío, escudo mío,
mi fuerza salvadora, mi baluarte.
Invoco al Señor de mi alabanza
y quedo libre de mis enemigos. **R/.**

Me cercaban olas mortales,
torrentes destructores me aterraban,
me envolvían las redes del abismo,
me alcanzaban los lazos de la muerte. **R/.**

En el peligro invoqué al Señor,
grité a mi Dios:
desde su templo él escuchó mi voz,
y mi grito llegó a sus oídos. **R/.**

Evangelio

Juan 10,31-42
Intentaron apresarlo, pero escapó de sus manos

Los judíos tomaron piedras para apedrear a Jesús. Él les dijo:

«Os he mostrado muchas obras buenas que vienen del Padre. ¿Por cuál de ellas queréis apedrearme?»

Ellos respondieron:

«No te apedreamos por una obra buena, sino por blasfemia, porque tú, siendo un hombre, te haces Dios.»

Jesús replicó:

«¿No está escrito en vuestra Ley: "Yo dije: sois dioses"? Si la Escritura llama dioses a aquellos a quienes Dios dirigió su palabra (y la Escritura no puede fallar), ¿por qué decís que blasfemo cuando digo que soy Hijo de Dios, si el Padre me ha consagrado y enviado al mundo?

Si no realizo las obras de mi Padre, no me creáis; pero si las hago, aunque no creáis en mí, creed en las obras, para que sepáis y comprendáis que el Padre está en mí y yo en el Padre.»

Intentaron arrestarlo de nuevo, pero Jesús escapó de sus manos.

Se retiró al otro lado del Jordán, donde Juan había bautizado, y permaneció allí. Mucha gente acudió a él y decía:

«Juan no hizo ningún milagro, pero todo lo que dijo sobre este hombre era cierto.»

Y muchos creyeron en él.

Espacio para Escuchar y Responder a Dios

Para meditar:

¿Qué mensaje me ha hablado hoy Dios a través de su Palabra?
¿Cómo puedo aplicar esta enseñanza en mi vida diaria?
¿Hay algo que el Señor me está llamando a cambiar o fortalecer?

Escribe tu reflexión:

_____
_____
_____
_____
_____
_____

Propósito del día:

Hoy me propongo:
Ser más consciente de la presencia de Dios en mi día.
Practicar un acto de amor o servicio hacia alguien.
Dedicar un momento especial a la oración.

Anota tu propósito:

_____
_____
_____
_____
_____
_____

Oración: *Señor, gracias por este momento de encuentro contigo.*
Que tu Palabra transforme mi corazón y me guíe en este día.
Que todo lo que haga sea para tu gloria. Enséñame a caminar en tu voluntad, con amor y confianza en Ti.
Amén.

Primera Lectura

"Los haré un solo pueblo"
(Ezequiel 37,21-28)

Así dice el Señor:

«Yo voy a recoger a los israelitas por las naciones adonde marcharon,
voy a congregarlos de todas partes y los voy a repatriar.
Los haré un solo pueblo en su país, en los montes de Israel,
y un solo rey reinará sobre todos ellos.
No volverán a ser dos naciones ni a desmembrarse en dos monarquías.
No volverán a contaminarse con sus ídolos y fetiches y con todos sus crímenes.
Los libraré de sus pecados y prevaricaciones, los purificaré:
ellos serán mi pueblo y yo seré su Dios.

Mi siervo David será su rey, el único pastor de todos ellos.
Caminarán según mis mandatos y cumplirán mis preceptos, poniéndolos por obra.

Habitarán en la tierra que le di a mi siervo Jacob, en la que habitaron vuestros padres;
allí vivirán para siempre, ellos y sus hijos y sus nietos;
y mi siervo David será su príncipe para siempre.

Haré con ellos una alianza de paz, alianza eterna pactaré con ellos.
Los estableceré, los multiplicaré y pondré entre ellos mi santuario para siempre;
tendré mi morada junto a ellos, yo seré su Dios, y ellos serán mi pueblo.
Y sabrán las naciones que yo soy el Señor que consagra a Israel,
cuando esté entre ellos mi santuario para siempre.»

Interleccional

(Jeremías 31)

R/. El Señor nos guardará como un pastor a su rebaño.

Escuchad, pueblos, la palabra del Señor,
anunciadla en las islas remotas:
**«El que dispersó a Israel lo reunirá,
lo guardará como un pastor a su rebaño.» R/.**

Porque el Señor redimió a Jacob,
lo rescató de una mano más fuerte.
Vendrán con aclamaciones a la altura de Sión,
afluirán hacia los bienes del Señor. **R/.**

Entonces se alegrará la doncella en la danza,
gozarán los jóvenes y los viejos;
convertiré su tristeza en gozo,
los alegraré y aliviaré sus penas. **R/.**

Evangelio

Juan 11,45-57
Jesús entregará su vida para reunir a los hijos de Dios dispersos

Muchos judíos que habían visitado a María, al ver lo que Jesús había hecho, creyeron en él. Pero algunos fueron a contar a los fariseos lo que había sucedido.

Los sumos sacerdotes y fariseos convocaron al Sanedrín y dijeron:

«¿Qué haremos? Este hombre realiza muchos signos. Si lo dejamos actuar, todos creerán en él y vendrán los romanos a destruir nuestro templo y nuestra nación.»

Entonces, Caifás, que era el sumo sacerdote aquel año, les dijo:

«Vosotros no comprendéis nada. ¿No os dais cuenta de que os conviene que un solo hombre muera por el pueblo, y no que perezca toda la nación?»

Esto no lo dijo por su propia cuenta, sino que, como sumo sacerdote, profetizó que Jesús iba a morir por la nación, y no solo por ella, sino para reunir a los hijos de Dios dispersos.

Desde aquel día decidieron darle muerte.

Jesús ya no se movía abiertamente entre los judíos, sino que se retiró a la región cercana al desierto, a una ciudad llamada Efraín, donde permaneció con sus discípulos.

Se acercaba la Pascua, y muchos subían a Jerusalén para purificarse antes de la fiesta. Buscaban a Jesús y, estando en el templo, se preguntaban entre ellos:

«¿Qué os parece? ¿Vendrá a la fiesta?»

Los sumos sacerdotes y fariseos habían ordenado que, si alguien sabía dónde estaba, lo denunciara para arrestarlo.

Espacio para Escuchar y Responder a Dios

Para meditar:

¿Qué mensaje me ha hablado hoy Dios a través de su Palabra?
¿Cómo puedo aplicar esta enseñanza en mi vida diaria?
¿Hay algo que el Señor me está llamando a cambiar o fortalecer?

Escribe tu reflexión:

_____
_____
_____
_____
_____
_____

Propósito del día:

Hoy me propongo:
Ser más consciente de la presencia de Dios en mi día.
Practicar un acto de amor o servicio hacia alguien.
Dedicar un momento especial a la oración.

Anota tu propósito:

_____
_____
_____
_____
_____
_____

Oración: *Señor, gracias por este momento de encuentro contigo.*
Que tu Palabra transforme mi corazón y me guíe en este día.
Que todo lo que haga sea para tu gloria. Enséñame a caminar en tu
voluntad, con amor y confianza en Ti.
Amén.

Primera Lectura

"No me tapé el rostro ante los ultrajes, sabiendo que no quedaría defraudado"
(Isaías 50, 4-7)

Mi Señor me ha dado una **lengua de iniciado**,
para saber decir al abatido una palabra de aliento.

Cada mañana me espabila el oído,
para que escuche como los iniciados.

El Señor me abrió el oído.
Y yo no resistí ni me eché atrás:
ofrecí la espalda a los que me apaleaban,
las mejillas a los que mesaban mi barba;
no me tapé el rostro ante ultrajes ni salivazos.

El Señor me ayuda,
por eso no sentía los ultrajes;
por eso **endurecí el rostro como pedernal,**
sabiendo que no quedaría defraudado.

Salmo Responsorial

R/. Dios mío, Dios mío, ¿por qué me has abandonado? *(Salmo 21)*

Al verme, se burlan de mí,
hacen visajes, menean la cabeza:
**«Acudió al Señor, que lo ponga a salvo;
que lo libre, si tanto lo quiere.»** R/.

Me acorrala una jauría de mastines,
me cerca una banda de malhechores;
me taladran las manos y los pies,
puedo contar mis huesos. **R/.**

Se reparten mi ropa,
echan a suertes mi túnica.

Pero tú, Señor, no te quedes lejos;
fuerza mía, ven corriendo a ayudarme. **R/.**

Contaré tu fama a mis hermanos,
en medio de la asamblea te alabaré.
Fieles del Señor, alabadlo;
linaje de Jacob, glorificadlo;
temedlo, linaje de Israel. R/.

Segunda Lectura

"Se rebajó, por eso Dios lo levantó sobre todo" *(Filipenses 2, 6-11)*

Cristo, a pesar de su condición divina,
no hizo alarde de su categoría de Dios;

al contrario, **se despojó de su rango**
y tomó la condición de esclavo,
pasando por uno de tantos.

Y así, actuando como un hombre cualquiera,
se rebajó hasta someterse incluso a la muerte,
y una muerte de cruz.

Por eso Dios lo levantó sobre todo
y le concedió el «**Nombre-sobre-todo-nombre**»;

de modo que **al nombre de Jesús toda rodilla se doble**
en el cielo, en la tierra, en el abismo,

y toda lengua proclame:
Jesucristo es Señor, para gloria de Dios Padre.

Evangelio

Lucas 22,14-23.56
La Última Cena y la Pasión de Cristo

Llegada la hora, Jesús se sentó a la mesa con sus discípulos y les dijo:

«He deseado con ansias comer esta Pascua con vosotros antes de mi pasión, porque os aseguro que no la volveré a comer hasta que se cumpla en el Reino de Dios.»

Tomando una copa, dio gracias y dijo:

«Tomad esto y repartidlo entre vosotros, porque os digo que no volveré a beber del fruto de la vid hasta que venga el Reino de Dios.»

Luego, tomó el pan, pronunció la acción de gracias, lo partió y lo dio a sus discípulos, diciendo:

«Esto es mi cuerpo, que se entrega por vosotros; haced esto en memoria mía.»

Después de cenar, tomó la copa y dijo:

«Esta copa es la nueva alianza en mi sangre, que se derrama por vosotros.»

Entonces anunció:

«La mano del que me traiciona está sobre la mesa conmigo. El Hijo del Hombre se va según lo establecido, pero ¡ay de aquel que lo entrega!»

Los discípulos comenzaron a preguntarse quién podría ser el traidor.

Surgió entre ellos una disputa sobre quién debía ser considerado el mayor. Jesús les dijo:

«Los reyes de las naciones dominan sobre ellas, y los que tienen autoridad se hacen llamar benefactores. Pero vosotros no hagáis así. El mayor entre vosotros debe comportarse como el menor, y el que gobierna como el que sirve. ¿Quién es más grande, el que está a la mesa o el que sirve? ¿No es el que está a la mesa? Pues yo estoy entre vosotros como el que sirve.»

Luego se dirigió a Pedro y le dijo:

«Simón, Simón, Satanás ha pedido zarandearos como trigo. Pero yo he rogado por ti, para que tu fe no desfallezca. Y tú, cuando hayas vuelto, fortalece a tus hermanos.»

Pedro le respondió:

«Señor, estoy dispuesto a ir contigo hasta la cárcel y la muerte.»

Jesús le dijo:

«Te aseguro, Pedro, que antes de que cante el gallo hoy, habrás negado tres veces que me conoces.»

Después salieron al monte de los Olivos. Jesús dijo a sus discípulos:

«Orad para no caer en la tentación.»

Se apartó de ellos y, arrodillado, oró:

«Padre, si quieres, aparta de mí este cáliz; pero no se haga mi voluntad, sino la tuya.»

Se le apareció un ángel del cielo para fortalecerlo. En su angustia, oraba con más insistencia y su sudor caía como gotas de sangre. Al regresar donde sus discípulos, los encontró dormidos y les dijo:

«¿Por qué dormís? Levantaos y orad para no caer en la tentación.»

Mientras hablaba, apareció Judas con una multitud armada. Se acercó a Jesús para besarlo. Jesús le dijo:

«Judas, ¿con un beso entregas al Hijo del Hombre?»

Los discípulos preguntaron:

«Señor, ¿debemos atacar con la espada?»

Uno de ellos hirió al siervo del sumo sacerdote y le cortó la oreja derecha. Jesús intervino:

«Dejadlo, basta.»

Tocó la oreja del hombre y lo sanó. Luego, se dirigió a los sumos sacerdotes y les dijo:

«¿Habéis salido con espadas y palos como si fuera un bandido? Todos los días estaba en el templo con vosotros y no me prendisteis. Pero esta es vuestra hora, la del poder de las tinieblas.»

Prendieron a Jesús y lo llevaron a casa del sumo sacerdote. Pedro lo siguió de lejos. Al verlo junto al fuego, una criada lo señaló:

«Este también estaba con él.»

Pedro lo negó:

«Mujer, no lo conozco.»

Otro lo señaló:

«Tú también eres uno de ellos.»

Pedro respondió:

«Hombre, no lo soy.»

Al rato, otro insistió:

«Seguro que estabas con él, porque eres galileo.»

Pedro respondió:

«No sé de qué hablas.»

En ese momento, el gallo cantó. Jesús miró a Pedro, y él recordó sus palabras. Salió fuera y lloró amargamente.

Los hombres que custodiaban a Jesús se burlaban de él y lo golpeaban. Le cubrían el rostro y le decían:

«Adivina, profeta, ¿quién te ha golpeado?»

Al amanecer, los sumos sacerdotes lo llevaron ante el Sanedrín y le dijeron:

«Si eres el Mesías, dínoslo.»

Jesús respondió:

«Si os lo digo, no me creeréis; pero desde ahora, el Hijo del Hombre estará sentado a la derecha de Dios todopoderoso.»

Le preguntaron:

«¿Eres tú el Hijo de Dios?»

Él respondió:

«Vosotros lo decís: Yo lo soy.»

Entonces dijeron:

«¿Qué necesidad tenemos de más testimonios?»

Lo llevaron ante Pilato, acusándolo:

«Alborota al pueblo y se hace llamar rey.»

Pilato preguntó:

«¿Eres tú el rey de los judíos?»

Jesús respondió:

«Tú lo dices.»

Pilato dijo:

«No encuentro culpa en este hombre.»

Ellos insistieron:

«Alborota a toda Judea.»

Al saber que Jesús era galileo, lo envió a Herodes. Herodes se alegró al verlo, esperando que hiciera algún milagro. Pero Jesús no respondió nada. Herodes lo despreció y lo devolvió a Pilato.

Pilato intentó liberarlo, pero la multitud gritaba:

«¡Crucifícalo!»

Pilato cedió, liberó a Barrabás y entregó a Jesús.

Mientras lo llevaban al Calvario, obligaron a Simón de Cirene a cargar la cruz. Jesús se dirigió a las mujeres que lloraban por él:

«Hijas de Jerusalén, no lloréis por mí, sino por vosotras y por vuestros hijos.»

Llegados al lugar, lo crucificaron junto a dos malhechores. Jesús dijo:

«Padre, perdónalos, porque no saben lo que hacen.»

Los soldados se repartieron sus ropas. Encima de la cruz pusieron un letrero:

«Este es el rey de los judíos.»

Uno de los malhechores lo insultó:

«¿No eres el Mesías? Sálvate y sálvanos.»

El otro lo reprendió:

«Nosotros merecemos esto, pero él no ha hecho nada malo.»

Y le dijo a Jesús:

«Acuérdate de mí cuando vengas en tu reino.»

Jesús respondió:

«Hoy estarás conmigo en el paraíso.»

Desde el mediodía hubo tinieblas. Jesús exclamó con voz potente:

«Padre, en tus manos encomiendo mi espíritu.»

Dicho esto, expiró.

El centurión, al verlo, dijo:

«Verdaderamente, este hombre era justo.»

José de Arimatea pidió el cuerpo de Jesús a Pilato, lo envolvió en una sábana y lo colocó en un sepulcro nuevo.

Las mujeres que lo habían seguido observaron dónde lo ponían y prepararon perfumes para ungirlo después del sábado.

Espacio para Escuchar y Responder a Dios

Para meditar:

¿Qué mensaje me ha hablado hoy Dios a través de su Palabra?
¿Cómo puedo aplicar esta enseñanza en mi vida diaria?
¿Hay algo que el Señor me está llamando a cambiar o fortalecer?

Escribe tu reflexión:

_____
_____
_____
_____
_____
_____

Propósito del día:

Hoy me propongo:
Ser más consciente de la presencia de Dios en mi día.
Practicar un acto de amor o servicio hacia alguien.
Dedicar un momento especial a la oración.

Anota tu propósito:

_____
_____
_____
_____
_____
_____

Oración: *Señor, gracias por este momento de encuentro contigo.*
Que tu Palabra transforme mi corazón y me guíe en este día.
Que todo lo que haga sea para tu gloria. Enséñame a caminar en tu voluntad, con amor y confianza en Ti.
Amén.

Primera Lectura

"Mirad a mi siervo, a quien sostengo"
(Isaías 42, 1-7)

Así dice el Señor:

«Mirad a mi siervo, a quien sostengo; mi elegido, a quien prefiero.
Sobre él he puesto mi espíritu, para que traiga el derecho a las naciones.

No gritará, no clamará,
no voceará por las calles.

La caña cascada no la quebrará,
el pabilo vacilante no lo apagará,
hasta implantar el derecho en la tierra,
y sus leyes que esperan las islas.

Así dice el Señor Dios,
que creó y desplegó los cielos,
consolidó la tierra con su vegetación,
dio el respiro al pueblo que la habita
y el aliento a los que se mueven en ella:

Yo, el Señor, te he llamado con justicia,
te he cogido de la mano,
te he formado,
y te he hecho alianza de un pueblo,
luz de las naciones.

Para que **abras los ojos de los ciegos,**
saques a los cautivos de la prisión,
y de la mazmorra a los que habitan las tinieblas.

Salmo Responsorial

R/. El Señor me ha coronado, sobre la columna me ha exaltado.
(Salmo 26)

El Señor es mi luz y mi salvación,
¿a quién temeré?
El Señor es la defensa de mi vida,
¿quién me hará temblar? **R/.**

Si un ejército acampa contra mí,
mi corazón no tiembla;
si me declaran la guerra,
me siento tranquilo. **R/.**

Una cosa pido al Señor,
eso buscaré:
habitar en la casa del Señor
por los días de mi vida;
gozar de la dulzura del Señor,
contemplando su templo. **R/.**

Él me protegerá en su tienda
el día del peligro;
me esconderá en lo escondido de su morada,
me alzará sobre la roca. **R/.**

Evangelio

Juan 12,1-11
María unge los pies de Jesús

Seis días antes de la Pascua, Jesús fue a Betania, donde vivía Lázaro, a quien había resucitado de entre los muertos. Allí le ofrecieron una cena: Marta servía y Lázaro estaba con él a la mesa.

Entonces, María tomó una libra de perfume de nardo puro y costoso, ungió los pies de Jesús y los secó con su cabello. La casa se llenó con la fragancia del perfume.

Judas Iscariote, uno de los discípulos y quien lo iba a entregar, dijo:

«¿Por qué no se vendió este perfume por trescientos denarios para dárselos a los pobres?»

No lo dijo porque le importaran los pobres, sino porque era un ladrón y, como encargado de la bolsa del dinero, solía robar de lo que en ella se guardaba.

Jesús respondió:

«Déjala, lo tenía reservado para el día de mi sepultura. A los pobres siempre los tendréis con vosotros, pero a mí no siempre me tendréis.»

Muchos judíos supieron que Jesús estaba allí y fueron no solo para verlo, sino también para ver a Lázaro, a quien había resucitado. Por esta razón, los sumos sacerdotes planearon matar también a Lázaro, pues muchos judíos, por su causa, creían en Jesús.

Espacio para Escuchar y Responder a Dios

Para meditar:

¿Qué mensaje me ha hablado hoy Dios a través de su Palabra?
¿Cómo puedo aplicar esta enseñanza en mi vida diaria?
¿Hay algo que el Señor me está llamando a cambiar o fortalecer?

Escribe tu reflexión:

_____
_____
_____
_____
_____
_____

Propósito del día:

Hoy me propongo:
Ser más consciente de la presencia de Dios en mi día.
Practicar un acto de amor o servicio hacia alguien.
Dedicar un momento especial a la oración.

Anota tu propósito:

_____
_____
_____
_____
_____
_____

Oración: *Señor, gracias por este momento de encuentro contigo.*
Que tu Palabra transforme mi corazón y me guíe en este día.
Que todo lo que haga sea para tu gloria. Enséñame a caminar en tu
voluntad, con amor y confianza en Ti.
Amén.

Primera Lectura

"Te hago luz de las naciones"
(Isaías 49, 1-6)

Escuchadme, islas; atended, pueblos lejanos:

Estaba yo en el vientre, y el Señor me llamó;
en las entrañas maternas, y pronunció mi nombre.

Hizo de mi boca una espada afilada,
me escondió en la sombra de su mano;
me hizo flecha bruñida,
me guardó en su aljaba

y me dijo:
«Tú eres mi siervo (Israel),
de quien estoy orgulloso».

Mientras yo pensaba:
«En vano me he cansado,
en viento y en nada he gastado mis fuerzas»,
en realidad, mi derecho lo llevaba el Señor,
mi salario lo tenía mi Dios.

Y ahora habla el Señor,
que desde el vientre me formó siervo suyo,
para que le trajese a Jacob,
para que le reuniese a Israel,
–tanto me honró el Señor y mi Dios fue mi fuerza–.

Es poco que seas mi siervo
y restablezcas las tribus de Jacob
y conviertas a los supervivientes de Israel:
te hago luz de las naciones,
para que mi salvación alcance hasta el confín de la tierra.

Salmo Responsorial

R/. Mi boca contará tu auxilio. *(Salmo 70)*

A ti, Señor, me acojo:
no quede yo derrotado para siempre;
tú que eres justo,
líbrame y ponme a salvo,
inclina a mí tu oído, y sálvame. **R/.**

Sé tú mi roca de refugio,
el alcázar donde me salve,
porque mi peña y mi alcázar eres tú.
Dios mío, líbrame de la mano perversa. **R/.**

Porque tú, Dios mío, fuiste mi esperanza
y mi confianza, Señor, desde mi juventud.
En el vientre materno ya me apoyaba en ti,
en el seno, tú me sostenías. **R/.**

Mi boca contará tu auxilio,
y todo el día tu salvación.
Dios mío, me instruiste desde mi juventud,
y hasta hoy relato tus maravillas. **R/.**

Evangelio

Juan 13,21-33.36-38
Uno de vosotros me va a entregar

Durante la cena, Jesús, profundamente conmovido, anunció:

«Os aseguro que uno de vosotros me va a entregar.»

Los discípulos se miraron desconcertados, sin saber a quién se refería.
Uno de ellos, el discípulo al que Jesús tanto amaba, estaba recostado
junto a él. Simón Pedro le hizo señas para que le preguntara a Jesús de
quién hablaba.

Entonces, aquel discípulo le preguntó:

«Señor, ¿quién es?»

Jesús respondió:

«Aquel a quien yo le dé este trozo de pan untado.»

Y, tras untarlo, se lo dio a Judas, hijo de Simón Iscariote. En ese momento, Satanás entró en él. Jesús le dijo:

«Lo que vas a hacer, hazlo pronto.»

Ninguno de los presentes entendió a qué se refería. Como Judas llevaba la bolsa del dinero, algunos pensaron que Jesús le había encargado comprar lo necesario para la fiesta o dar algo a los pobres.

Judas, después de recibir el pan, salió de inmediato. Era de noche.

Cuando salió, Jesús dijo:

«Ahora es glorificado el Hijo del Hombre, y Dios es glorificado en él. Si Dios es glorificado en él, también Dios lo glorificará en sí mismo, y pronto lo glorificará.»

Simón Pedro le preguntó:

«Señor, ¿a dónde vas?»

Jesús respondió:

«Adonde yo voy, no puedes seguirme ahora, pero me seguirás más tarde.»

Pedro insistió:

«Señor, ¿por qué no puedo seguirte ahora? Daré mi vida por ti.»

Jesús le contestó:

«¿Darás tu vida por mí? Te aseguro que antes de que cante el gallo, me habrás negado tres veces.»

Espacio para Escuchar y Responder a Dios

Para meditar:

¿Qué mensaje me ha hablado hoy Dios a través de su Palabra?
¿Cómo puedo aplicar esta enseñanza en mi vida diaria?
¿Hay algo que el Señor me está llamando a cambiar o fortalecer?

Escribe tu reflexión:

_____
_____
_____
_____
_____
_____

Propósito del día:

Hoy me propongo:
Ser más consciente de la presencia de Dios en mi día.
Practicar un acto de amor o servicio hacia alguien.
Dedicar un momento especial a la oración.

Anota tu propósito:

_____
_____
_____
_____
_____
_____

Oración: *Señor, gracias por este momento de encuentro contigo.*
Que tu Palabra transforme mi corazón y me guíe en este día.
Que todo lo que haga sea para tu gloria. Enséñame a caminar en tu voluntad, con amor y confianza en Ti.
Amén.

Primera Lectura

"No oculté mi rostro a insultos y salivazos"
(Isaías 50, 4-9)

En aquellos días, dijo Isaías:

Mi Señor me ha dado una lengua de iniciado,
para saber decir al abatido una palabra de aliento.

Cada mañana me espabila el oído,
para que escuche como los iniciados.

El Señor Dios me ha abierto el oído,
y yo no me he rebelado ni me he echado atrás.

Ofrecí la espalda a los que golpeaban,
la mejilla a los que mesaban mi barba.
No oculté el rostro a insultos y salivazos.

Mi Señor me ayudaba,
por eso no me quedaba confundido,
por eso ofrecí el rostro como pedernal,
y sé que no quedaré avergonzado.

Tengo cerca a mi abogado, ¿quién pleiteará contra mí?
Vamos a enfrentarnos: ¿Quién es mi rival? Que se acerque.

Mirad, **mi Señor me ayuda:**
¿quién probará que soy culpable?

Salmo Responsorial

R/. Señor, que tu bondad me escuche en el día de tu favor. *(Salmo 68)*

Por ti he aguantado afrentas,
la vergüenza cubrió mi rostro.
Soy un extraño para mis hermanos,
un extranjero para los hijos de mi madre;

porque me devora el celo de tu templo,
y las afrentas con que te afrentan caen sobre mí. **R/.**

La afrenta me destroza el corazón,
y desfallezco.
Espero compasión, y no la hay,
consoladores, y no los encuentro.
En mi comida me echaron hiel,
para mi sed me dieron vinagre. **R/.**

Alabaré el nombre de Dios con cantos,
proclamaré su grandeza con acción de gracias.
Miradlo, los humildes, y alegraos,
buscad al Señor, y vivirá vuestro corazón.
Que el Señor escucha a sus pobres,
no desprecia a sus cautivos. **R/.**

Evangelio

Mateo 26,14-25
Judas traiciona a Jesús

En aquel tiempo, uno de los doce, llamado Judas Iscariote, fue a los sumos sacerdotes y les preguntó:

«¿Cuánto estáis dispuestos a darme si os lo entrego?»

Ellos acordaron con él treinta monedas de plata. Desde entonces, buscaba la ocasión propicia para entregarlo.

El primer día de los Ázimos, los discípulos se acercaron a Jesús y le preguntaron:

«¿Dónde quieres que te preparemos la cena de Pascua?»

Jesús respondió:

«Id a casa de Fulano y decidle: "El Maestro dice: Mi momento está cerca; deseo celebrar la Pascua en tu casa con mis discípulos."»

Los discípulos cumplieron las instrucciones y prepararon la Pascua.

Al atardecer, Jesús se sentó a la mesa con los doce y, mientras comían, anunció:

«Os aseguro que uno de vosotros me va a entregar.»

Ellos, llenos de angustia, comenzaron a preguntarle uno tras otro:

«¿Soy yo, Señor?»

Jesús respondió:

«El que ha mojado su pan en el mismo plato que yo, ese me va a entregar. El Hijo del Hombre se va, como está escrito de él, pero ¡ay de aquel que lo entrega! Más le valdría no haber nacido.»

Judas, el que lo iba a entregar, preguntó:

«¿Soy yo, Maestro?»

Jesús le respondió:

«Tú lo has dicho.»

Espacio para Escuchar y Responder a Dios

Para meditar:

¿Qué mensaje me ha hablado hoy Dios a través de su Palabra?
¿Cómo puedo aplicar esta enseñanza en mi vida diaria?
¿Hay algo que el Señor me está llamando a cambiar o fortalecer?

Escribe tu reflexión:

_____
_____
_____
_____
_____
_____

Propósito del día:

Hoy me propongo:
Ser más consciente de la presencia de Dios en mi día.
Practicar un acto de amor o servicio hacia alguien.
Dedicar un momento especial a la oración.

Anota tu propósito:

_____
_____
_____
_____
_____
_____

Oración: *Señor, gracias por este momento de encuentro contigo.*
Que tu Palabra transforme mi corazón y me guíe en este día.
Que todo lo que haga sea para tu gloria. Enséñame a caminar en tu
voluntad, con amor y confianza en Ti.
Amén.

Primera Lectura

Prescripciones sobre la cena pascual
(Éxodo 12,1-8.11-14)

En aquellos días, dijo el Señor a Moisés y a Aarón en tierra de Egipto:

**«Este mes será para vosotros el principal de los meses;
será para vosotros el primer mes del año.**

Decid a toda la asamblea de Israel:

**«El diez de este mes cada uno procurará un animal para su familia,
uno por casa.**

Si la familia es demasiado pequeña para comérselo,
que se junte con el vecino de casa, hasta completar el número de
personas;
y cada uno comerá su parte hasta terminarlo.

Será un animal sin defecto, macho, de un año,
cordero o cabrito.

Lo guardaréis hasta el día catorce del mes,
y toda la asamblea de Israel lo matará al atardecer.

Tomaréis la sangre
y rociaréis las dos jambas y el dintel de la casa donde lo hayáis comido.

Esa noche comeréis la carne, asada a fuego,
comeréis panes sin fermentar y verduras amargas.

Y lo comeréis así:
**la cintura ceñida, las sandalias en los pies, un bastón en la mano;
y os lo comeréis a toda prisa, porque es la Pascua, el paso del Señor.**

Esta noche pasaré por todo el país de Egipto,
dando muerte a todos sus primogénitos, de hombres y de animales;
y haré justicia de todos los dioses de Egipto.

Yo soy el Señor.

La sangre será vuestra señal en las casas donde estéis:
cuando vea la sangre, pasaré de largo;
no os tocará la plaga exterminadora,
cuando yo pase hiriendo a Egipto.

Este día será para vosotros memorable,
en él celebraréis la fiesta del Señor,
ley perpetua para todas las generaciones.»

Salmo Responsorial

R/. El cáliz de la bendición es comunión con la sangre de Cristo.
(Salmo 115)

¿Cómo pagaré al Señor
todo el bien que me ha hecho?
Alzaré la copa de la salvación,
invocando su nombre. **R/.**

Mucho le cuesta al Señor
la muerte de sus fieles.
Señor, yo soy tu siervo,
hijo de tu esclava;
rompiste mis cadenas. **R/.**

Te ofreceré un sacrificio de alabanza,
invocando tu nombre, Señor.
Cumpliré al Señor mis votos
en presencia de todo el pueblo. **R/.**

Segunda Lectura

Cada vez que coméis y bebéis, proclamáis la muerte del Señor
(1 Corintios 11,23-26)

Hermanos:

Yo he recibido una tradición,
que procede del Señor y que a mi vez os he transmitido:

Que el Señor Jesús, en la noche en que iban a entregarlo,
tomó pan y, pronunciando la acción de gracias, lo partió y dijo:

**«Esto es mi cuerpo, que se entrega por vosotros.
Haced esto en memoria mía.»**

Lo mismo hizo con el cáliz, después de cenar, diciendo:

**«Este cáliz es la nueva alianza sellada con mi sangre;
haced esto cada vez que lo bebáis, en memoria mía.»**

Por eso, cada vez que coméis de este pan
y bebéis del cáliz,
proclamáis la muerte del Señor, hasta que vuelva.

Evangelio

**Juan 13,1-15
Los amó hasta el extremo**

Antes de la fiesta de la Pascua, sabiendo Jesús que había llegado su hora de pasar de este mundo al Padre, y habiendo amado a los suyos que estaban en el mundo, los amó hasta el extremo.

Durante la cena, el diablo ya había sembrado en el corazón de Judas Iscariote la intención de entregarlo. Jesús, consciente de que el Padre había puesto todo en sus manos, que venía de Dios y a Dios volvía, se levantó de la mesa, se quitó el manto, tomó una toalla y se la ciñó. Luego echó agua en un recipiente y comenzó a lavarles los pies a sus discípulos, secándolos con la toalla que llevaba.

Cuando llegó a Simón Pedro, este le dijo:

«Señor, ¿lavarme los pies tú a mí?»

Jesús le respondió:

«Lo que hago ahora no lo entiendes, pero lo comprenderás más tarde.»

Pedro insistió:

«No me lavarás los pies jamás.»

Jesús le contestó:

«Si no te lavo, no tendrás parte conmigo.»

Entonces Pedro dijo:

«Señor, no solo los pies, sino también las manos y la cabeza.»

Jesús respondió:

«El que ya se ha bañado solo necesita lavarse los pies, porque está completamente limpio. Y vosotros estáis limpios, aunque no todos.»

Sabía quién lo iba a entregar, por eso dijo: «No todos estáis limpios.»

Cuando terminó de lavarles los pies, se puso el manto de nuevo, volvió a la mesa y les dijo:

«¿Entendéis lo que he hecho por vosotros? Vosotros me llamáis Maestro y Señor, y tenéis razón, porque lo soy. Pues si yo, el Maestro y el Señor, os he lavado los pies, también vosotros debéis lavaros los pies unos a otros. Os he dado ejemplo, para que lo que yo he hecho con vosotros, también vosotros lo hagáis.»

Espacio para Escuchar y Responder a Dios

Para meditar:

¿Qué mensaje me ha hablado hoy Dios a través de su Palabra?
¿Cómo puedo aplicar esta enseñanza en mi vida diaria?
¿Hay algo que el Señor me está llamando a cambiar o fortalecer?

Escribe tu reflexión:

_____
_____
_____
_____
_____
_____

Propósito del día:

Hoy me propongo:
Ser más consciente de la presencia de Dios en mi día.
Practicar un acto de amor o servicio hacia alguien.
Dedicar un momento especial a la oración.

Anota tu propósito:

_____
_____
_____
_____
_____
_____

Oración: *Señor, gracias por este momento de encuentro contigo.*
Que tu Palabra transforme mi corazón y me guíe en este día.
Que todo lo que haga sea para tu gloria. Enséñame a caminar en tu
voluntad, con amor y confianza en Ti.
Amén.

Primera Lectura

Él fue traspasado por nuestras rebeliones
(Isaías 52,13-53,12)

Mirad, mi siervo tendrá éxito, subirá y crecerá mucho.

Como muchos se espantaron de él,
porque desfigurado no parecía hombre,
ni tenía aspecto humano,
así asombrará a muchos pueblos,
ante él los reyes cerrarán la boca,
al ver algo inenarrable
y contemplar algo inaudito.

¿Quién creyó nuestro anuncio?,
¿a quién se reveló el brazo del Señor?

Creció en su presencia como brote,
como raíz en tierra árida,
sin figura, sin belleza.

Lo vimos sin aspecto atrayente,
despreciado y evitado de los hombres,
como un hombre de dolores, acostumbrado a sufrimientos,
ante el cual se ocultan los rostros,
despreciado y desestimado.

Él soportó nuestros sufrimientos
y aguantó nuestros dolores;
nosotros lo estimamos leproso,
herido de Dios y humillado;

pero él fue traspasado por nuestras rebeliones,
triturado por nuestros crímenes.

Nuestro castigo saludable cayó sobre él,
sus cicatrices nos curaron.

Todos errábamos como ovejas,
cada uno siguiendo su camino;
y el Señor cargó sobre él todos nuestros crímenes.

**Maltratado, voluntariamente se humillaba
y no abría la boca;
como cordero llevado al matadero,
como oveja ante el esquilador,
enmudecía y no abría la boca.**

Sin defensa, sin justicia, se lo llevaron,
¿quién meditó en su destino?
Lo arrancaron de la tierra de los vivos,
por los pecados de mi pueblo lo hirieron.

Le dieron sepultura con los malvados,
y una tumba con los malhechores,
aunque no había cometido crímenes
ni hubo engaño en su boca.

**El Señor quiso triturarlo con el sufrimiento,
y entregar su vida como expiación;
verá su descendencia, prolongará sus años,
lo que el Señor quiere prosperará por su mano.**

Por los trabajos de su alma verá la luz,
el justo se saciará de conocimiento.
Mi siervo justificará a muchos,
porque cargó con los crímenes de ellos.

**Le daré una multitud como parte,
y tendrá como despojo una muchedumbre.**

Porque expuso su vida a la muerte
y fue contado entre los pecadores,
él tomó el pecado de muchos
e intercedió por los pecadores.

Salmo Responsorial

R/. Padre, a tus manos encomiendo mi espíritu. *(Salmo 30)*

A ti, Señor, me acojo:
no quede yo nunca defraudado;
tú, que eres justo, ponme a salvo.
A tus manos encomiendo mi espíritu:
tú, el Dios leal, me librarás. **R/.**

Soy la burla de todos mis enemigos,
la irrisión de mis vecinos,
el espanto de mis conocidos;
me ven por la calle, y escapan de mí.
Me han olvidado como a un muerto,
me han desechado como a un cacharro inútil. **R/.**

Pero yo confío en ti, Señor,
te digo: «Tú eres mi Dios.»
En tu mano están mis azares;
líbrame de los enemigos que me persiguen. **R/.**

Haz brillar tu rostro sobre tu siervo,
sálvame por tu misericordia.
Sed fuertes y valientes de corazón,
los que esperáis en el Señor. **R/.**

Segunda Lectura

Aprendió a obedecer y se ha convertido en autor de salvación
(Hebreos 4,14-16;5,7-9)

Hermanos:

**Mantengamos la confesión de la fe,
ya que tenemos un sumo sacerdote grande,
que ha atravesado el cielo,
Jesús, Hijo de Dios.**

No tenemos un sumo sacerdote
incapaz de compadecerse de nuestras debilidades,
sino que ha sido probado con todo exactamente como nosotros,
menos en el pecado.

**Por eso, acerquémonos con seguridad al trono de la gracia,
para alcanzar misericordia
y encontrar gracia que nos auxilie oportunamente.**

Cristo, en los días de su vida mortal,
a gritos y con lágrimas,
presentó oraciones y súplicas
al que podía salvarlo de la muerte,
cuando en su angustia fue escuchado.

**Él, a pesar de ser Hijo,
aprendió, sufriendo, a obedecer.**

Y, llevado a la consumación,
se ha convertido para todos los que le obedecen
en **autor de salvación eterna.**

Evangelio

Juan 18,1-19,42
Pasión de Nuestro Señor Jesucristo según San Juan

Jesús salió con sus discípulos al otro lado del torrente Cedrón, donde había un huerto, y allí entraron. Judas, el traidor, también conocía ese lugar, pues Jesús solía reunirse allí con sus discípulos. Judas llegó con un destacamento de soldados y guardias de los sumos sacerdotes y fariseos, armados con antorchas y espadas.

Jesús, consciente de lo que iba a suceder, se adelantó y les preguntó:

—¿A quién buscáis?

Ellos respondieron:

—A Jesús, el Nazareno.

Jesús les dijo:

—Yo soy.

Al oírlo, retrocedieron y cayeron al suelo. Jesús preguntó de nuevo:

—¿A quién buscáis?

Ellos insistieron:

—A Jesús, el Nazareno.

Jesús respondió:

—Os he dicho que soy yo. Si me buscáis a mí, dejad que estos se vayan.

Así se cumplió su palabra: "No he perdido a ninguno de los que me diste."

Simón Pedro, que llevaba una espada, la desenvainó y cortó la oreja derecha del criado del sumo sacerdote, llamado Malco. Jesús le dijo:

—Guarda tu espada. ¿Acaso no he de beber el cáliz que el Padre me ha dado?

Jesús ante Anás y Caifás

Los soldados y guardias prendieron a Jesús y lo llevaron primero ante Anás, suegro de Caifás, sumo sacerdote aquel año. Caifás había dicho: "Conviene que muera un solo hombre por el pueblo."

Simón Pedro y otro discípulo siguieron a Jesús. Este discípulo, conocido del sumo sacerdote, entró con Jesús en el patio, mientras Pedro se quedó fuera. Luego, aquel discípulo habló con la portera e hizo que Pedro entrara.

La criada que vigilaba la puerta le preguntó:

—¿No eres tú también discípulo de ese hombre?

Pedro respondió:

—No lo soy.

Los criados y guardias estaban junto al fuego porque hacía frío. Pedro también se calentaba con ellos.

El sumo sacerdote interrogó a Jesús acerca de sus discípulos y su enseñanza. Jesús respondió:

—Yo he hablado abiertamente al mundo; he enseñado siempre en la sinagoga y en el templo, y no he dicho nada en secreto. ¿Por qué me interrogas a mí? Pregunta a los que me han oído.

Uno de los guardias le dio una bofetada a Jesús y le dijo:

—¿Así respondes al sumo sacerdote?

Jesús le contestó:

—Si he hablado mal, dime en qué; pero si he hablado bien, ¿por qué me golpeas?

Entonces Anás lo envió atado a Caifás.

Pedro niega a Jesús

Pedro seguía junto al fuego cuando le preguntaron de nuevo:

—¿No eres tú también uno de sus discípulos?

Pedro lo negó:

—No lo soy.

Un criado del sumo sacerdote, pariente de aquel a quien Pedro le cortó la oreja, le dijo:

—¿No te vi yo con él en el huerto?

Pedro volvió a negarlo y, en ese instante, cantó un gallo.

Jesús ante Pilato

Llevaron a Jesús de la casa de Caifás al pretorio. Como era de madrugada, los judíos no entraron para no contaminarse y poder celebrar la Pascua.

Pilato salió y preguntó:

—¿De qué acusáis a este hombre?

Le respondieron:

—Si no fuera un malhechor, no te lo habríamos entregado.

Pilato les dijo:

—Llevadlo y juzgadlo según vuestra ley.

Los judíos respondieron:

—No podemos dar muerte a nadie.

Así se cumplió lo que Jesús había dicho sobre la clase de muerte que sufriría.

Pilato volvió a entrar en el pretorio y preguntó a Jesús:

—¿Eres tú el rey de los judíos?

Jesús respondió:

—¿Dices esto por ti mismo o porque otros te lo han dicho de mí?

Pilato replicó:

—¿Acaso soy yo judío? Tu propio pueblo y los sumos sacerdotes te han entregado. ¿Qué has hecho?

Jesús contestó:

—Mi reino no es de este mundo. Si lo fuera, mis servidores habrían luchado para que no cayera en manos de los judíos.

Pilato insistió:

—¿Luego, tú eres rey?

Jesús respondió:

—Tú lo dices: soy rey. Para esto he nacido y para esto he venido al mundo, para dar testimonio de la verdad. Todo el que es de la verdad escucha mi voz.

Pilato preguntó:

—¿Qué es la verdad?

Dicho esto, salió de nuevo y dijo a los judíos:

—No encuentro culpa en él. ¿Queréis que os suelte al rey de los judíos?

Pero ellos gritaron:

—¡No, a Barrabás!

Barrabás era un bandido.

La condena de Jesús

Pilato mandó azotar a Jesús. Los soldados trenzaron una corona de espinas, se la pusieron en la cabeza y le cubrieron con un manto púrpura, diciendo:

—¡Salve, rey de los judíos!

Y le golpeaban.

Pilato volvió a presentarlo al pueblo y dijo:

—Aquí lo tenéis.

Al verlo, los sumos sacerdotes y guardias gritaron:

—¡Crucifícalo!

Pilato dijo:

—Tomadlo vosotros y crucificadlo, porque yo no encuentro culpa en él.

Ellos respondieron:

—Debe morir, porque se ha proclamado Hijo de Dios.

Al oír esto, Pilato sintió aún más miedo y preguntó a Jesús:

—¿De dónde eres tú?

Jesús no respondió.

Pilato insistió:

—¿No sabes que tengo poder para soltarte y poder para crucificarte?

Jesús respondió:

—No tendrías poder sobre mí si no se te hubiera dado de lo alto.

Desde entonces, Pilato buscaba soltarlo, pero los judíos gritaban:

—Si lo sueltas, no eres amigo del César.

Pilato, viendo que no podía hacer nada, lavó sus manos y dijo:

—Soy inocente de la sangre de este justo.

Entonces lo entregó para que lo crucificaran.

La Crucifixión y Muerte de Jesús

Jesús, cargando su cruz, salió hacia el lugar llamado Gólgota. Allí lo crucificaron con dos malhechores, uno a cada lado.

Encima de la cruz, Pilato hizo colocar un letrero que decía: **"Jesús, el Nazareno, el Rey de los judíos."**

Cerca de la cruz estaban su madre, María Magdalena y Juan. Jesús dijo a su madre:

—Mujer, ahí tienes a tu hijo.

Luego, dijo al discípulo:

—Ahí tienes a tu madre.

Después de esto, Jesús dijo:

—Tengo sed.

Le ofrecieron vinagre y, tras tomarlo, exclamó:

—Está cumplido.

E inclinando la cabeza, entregó su espíritu.

Todos se arrodillan en silencio.

Jesús es sepultado

José de Arimatea pidió el cuerpo de Jesús a Pilato. Nicodemo trajo perfumes y, junto con José, envolvió el cuerpo en una sábana, según la costumbre judía.

Había un sepulcro cercano, donde lo depositaron. Y como era el día de la Preparación, lo pusieron allí.

Espacio para Escuchar y Responder a Dios

Para meditar:

¿Qué mensaje me ha hablado hoy Dios a través de su Palabra?
¿Cómo puedo aplicar esta enseñanza en mi vida diaria?
¿Hay algo que el Señor me está llamando a cambiar o fortalecer?

Escribe tu reflexión:

_____
_____
_____
_____
_____
_____

Propósito del día:

Hoy me propongo:
Ser más consciente de la presencia de Dios en mi día.
Practicar un acto de amor o servicio hacia alguien.
Dedicar un momento especial a la oración.

Anota tu propósito:

_____
_____
_____
_____
_____
_____

Oración: *Señor, gracias por este momento de encuentro contigo.*
Que tu Palabra transforme mi corazón y me guíe en este día.
Que todo lo que haga sea para tu gloria. Enséñame a caminar en tu
voluntad, con amor y confianza en Ti.
Amén.

VIGILIA PASCUAL EN LA NOCHE SANTA

Primera Lectura

Vio Dios todo lo que había hecho; y era muy bueno
(Génesis 1,1-2,2)

En el principio creó Dios el cielo y la tierra. La tierra era un caos informe; sobre la faz del abismo, la tiniebla. Y el aliento de Dios se cernía sobre la faz de las aguas.

Y dijo Dios:
«Que exista la luz.»

Y la luz existió.

Y vio Dios que la luz era buena. Y separó Dios la luz de la tiniebla; llamó Dios a la luz «Día»; a la tiniebla, «Noche».

Pasó una tarde, pasó una mañana: el día primero.

(El texto continúa con la narración completa de la creación en seis días y el descanso en el séptimo día.)

Salmo Responsorial

R/. Envía tu espíritu, Señor, y repuebla la faz de la tierra. *(Salmo 103)*

Bendice, alma mía, al Señor;
¡Dios mío, qué grande eres!
Te vistes de belleza y majestad,
la luz te envuelve como un manto. **R/.**

Cuántas son tus obras, Señor,
y todas las hiciste con sabiduría;
la tierra está llena de tus criaturas.
¡Bendice, alma mía, al Señor! **R/.**

Segunda Lectura

El sacrificio de Abrahán, nuestro padre en la fe
(Génesis 22, 1-18)

En aquellos días, Dios puso a prueba a Abrahán, llamándole:
«¡Abrahán!»
Él respondió:
«Aquí me tienes.»

Dios le dijo:
«Toma a tu hijo único, al que quieres, a Isaac, y vete al país de Moria y ofrécemelo allí en sacrificio en uno de los montes que yo te indicaré.»

(El texto continúa con la narración del sacrificio interrumpido de Isaac y la bendición de Dios sobre Abrahán.)

Salmo Responsorial

R/. Protégeme, Dios mío, que me refugio en ti. *(Salmo 15)*

El Señor es el lote de mi heredad y mi copa;
mi suerte está en tu mano.
Tengo siempre presente al Señor,
con él a mi derecha no vacilaré. **R/.**

Me enseñarás el sendero de la vida,
me saciarás de gozo en tu presencia,
de alegría perpetua a tu derecha. **R/.**

Tercera Lectura

Los israelitas en medio del mar a pie enjuto
(Éxodo 14, 15-15, 1)

En aquellos días, dijo el Señor a Moisés:
«¿Por qué sigues clamando a mí? Di a los israelitas que se pongan en marcha. Y tú, alza tu cayado, extiende tu mano sobre el mar y divídelo, para que los israelitas entren en medio del mar a pie enjuto.»

(El texto continúa con la narración de la apertura del Mar Rojo, el paso de Israel y la derrota del ejército egipcio.)

Salmo Responsorial

R/. Cantaré al Señor, sublime es su victoria. *(Éxodo 15, 1-2. 3-4. 5-6. 17-18)*

Cantaré al Señor, sublime es su victoria,
caballos y carros ha arrojado en el mar.
Mi fuerza y mi poder es el Señor,
él fue mi salvación. **R/.**

Los carros del Faraón los lanzó al mar,
ahogó en el mar Rojo a sus mejores capitanes. **R/.**

Epístola

Cristo, una vez resucitado de entre los muertos, ya no muere más
(Romanos 6, 3-11)

Hermanos:

Los que por el bautismo nos incorporamos a Cristo
fuimos incorporados a su muerte.

Por el bautismo fuimos sepultados con él en la muerte,
para que, así como Cristo fue resucitado de entre los muertos
por la gloria del Padre,
así también nosotros andemos en una vida nueva.

Porque, si nuestra existencia está unida a él
en una muerte como la suya,
lo estará también en una resurrección como la suya.

**Lo mismo vosotros, consideraos muertos al pecado
y vivos para Dios en Cristo Jesús.**

Salmo Responsorial

R/. Aleluya, aleluya, aleluya. *(Salmo 117)*

Dad gracias al Señor porque es bueno,
porque es eterna su misericordia.
Diga la casa de Israel:
eterna es su misericordia. **R/.**

La diestra del Señor es poderosa,
la diestra del Señor es excelsa.
No he de morir, viviré
para contar las hazañas del Señor. **R/.**

La piedra que desecharon los arquitectos
es ahora la piedra angular.
Es el Señor quien lo ha hecho,
ha sido un milagro patente. **R/.**

Evangelio

Mateo 28, 1-10
Ha resucitado y va por delante de vosotros a Galilea

Al amanecer del primer día de la semana, María Magdalena y la otra
María fueron al sepulcro. De repente, un fuerte temblor sacudió la tierra,
pues un ángel del Señor descendió del cielo, removió la piedra y se sentó
sobre ella. Su apariencia era como un relámpago y su vestidura, blanca
como la nieve. Los guardias, aterrorizados, quedaron como muertos.

El ángel habló a las mujeres: «No tengáis miedo. Sé que buscáis a Jesús,
el crucificado. No está aquí: ha resucitado, como lo había anunciado.
Venid, mirad el lugar donde yacía y corred a decir a sus discípulos que
ha resucitado y va delante de vosotros a Galilea; allí lo veréis.»

Ellas partieron rápidamente, llenas de temor y alegría, para dar la noticia
a los discípulos. En el camino, Jesús salió a su encuentro y les dijo:
«Alegraos.» Ellas se acercaron, se postraron ante él y le abrazaron los
pies. Entonces Jesús les dijo: «No tengáis miedo. Id a decir a mis
hermanos que vayan a Galilea, allí me verán.»

Espacio para Escuchar y Responder a Dios

Para meditar:

¿Qué mensaje me ha hablado hoy Dios a través de su Palabra?
¿Cómo puedo aplicar esta enseñanza en mi vida diaria?
¿Hay algo que el Señor me está llamando a cambiar o fortalecer?

Escribe tu reflexión:

_____
_____
_____
_____
_____
_____
_____

Propósito del día:

Hoy me propongo:
Ser más consciente de la presencia de Dios en mi día.
Practicar un acto de amor o servicio hacia alguien.
Dedicar un momento especial a la oración.

Anota tu propósito:

_____
_____
_____
_____
_____
_____

Oración: *Señor, gracias por este momento de encuentro contigo.*
Que tu Palabra transforme mi corazón y me guíe en este día.
Que todo lo que haga sea para tu gloria. Enséñame a caminar en tu
voluntad, con amor y confianza en Ti.
Amén.

Primera Lectura

Hemos comido y bebido con él después de su resurrección
(Hechos de los Apóstoles 10, 34a. 37-43)

En aquellos días, Pedro tomó la palabra y dijo:

«Conocéis lo que sucedió en el país de los judíos, cuando Juan predicaba el bautismo, aunque la cosa empezó en Galilea. Me refiero a Jesús de Nazaret, ungido por Dios con la fuerza del Espíritu Santo, que pasó haciendo el bien y curando a los oprimidos por el diablo, porque Dios estaba con él.

Nosotros somos testigos de todo lo que hizo en Judea y en Jerusalén. Lo mataron colgándolo de un madero. Pero Dios lo resucitó al tercer día y nos lo hizo ver, no a todo el pueblo, sino a los testigos que él había designado: **a nosotros, que hemos comido y bebido con él después de su resurrección.**

Nos encargó predicar al pueblo, dando solemne testimonio de que Dios lo ha nombrado juez de vivos y muertos. **El testimonio de los profetas es unánime: que los que creen en él reciben, por su nombre, el perdón de los pecados.»**

Salmo Responsorial

R/. Éste es el día en que actuó el Señor: sea nuestra alegría y nuestro gozo. *(Salmo 117)*

Dad gracias al Señor porque es bueno,
porque es eterna su misericordia.
Diga la casa de Israel:
eterna es su misericordia. **R/.**

La diestra del Señor es poderosa,
la diestra del Señor es excelsa.
No he de morir, viviré
para contar las hazañas del Señor. **R/.**

La piedra que desecharon los arquitectos
es ahora la piedra angular.

Es el Señor quien lo ha hecho,
ha sido un milagro patente. **R/.**

Segunda Lectura

Buscad los bienes de allá arriba, donde está Cristo
(Colosenses 3, 1-4)

Hermanos:

Ya que habéis resucitado con Cristo, **buscad los bienes de allá arriba, donde está Cristo, sentado a la derecha de Dios**; aspirad a los bienes de arriba, no a los de la tierra.

Porque habéis muerto, y vuestra vida está con Cristo escondida en Dios. **Cuando aparezca Cristo, vida nuestra, entonces también vosotros apareceréis, juntamente con él, en gloria.**

O bien:

Quitad la levadura vieja para ser una masa nueva
(1 Corintios 5, 6b-8)

Hermanos:

¿No sabéis que un poco de levadura fermenta toda la masa? **Quitad la levadura vieja para ser una masa nueva, ya que sois panes ázimos.**

Porque ha sido inmolada nuestra víctima pascual: **Cristo.**

Así, pues, celebremos la Pascua, **no con levadura vieja (levadura de corrupción y de maldad), sino con los panes ázimos de la sinceridad y la verdad.**

Evangelio

Juan 20, 1-9
Él había de resucitar de entre los muertos

El primer día de la semana, María Magdalena fue al sepulcro temprano, cuando aún estaba oscuro, y vio que la piedra había sido removida. Corrió entonces a avisar a Simón Pedro y al otro discípulo, el que Jesús tanto amaba, y les dijo: «Se han llevado al Señor del sepulcro y no sabemos dónde lo han puesto.»

Pedro y el otro discípulo salieron corriendo hacia el sepulcro. El otro discípulo llegó primero, se inclinó y vio las vendas en el suelo, pero no entró. Cuando llegó Pedro, entró en el sepulcro y observó las vendas en el suelo y el sudario que había cubierto la cabeza de Jesús, doblado aparte.

Entonces entró también el otro discípulo, vio y creyó. Hasta ese momento, no habían comprendido la Escritura: que él debía resucitar de entre los muertos.

Espacio para Escuchar y Responder a Dios

Para meditar:

¿Qué mensaje me ha hablado hoy Dios a través de su Palabra?
¿Cómo puedo aplicar esta enseñanza en mi vida diaria?
¿Hay algo que el Señor me está llamando a cambiar o fortalecer?

Escribe tu reflexión:

_____
_____
_____
_____
_____
_____
_____

Propósito del día:

Hoy me propongo:
Ser más consciente de la presencia de Dios en mi día.
Practicar un acto de amor o servicio hacia alguien.
Dedicar un momento especial a la oración.

Anota tu propósito:

_____
_____
_____
_____
_____

Oración: *Señor, gracias por este momento de encuentro contigo. Que tu Palabra transforme mi corazón y me guíe en este día. Que todo lo que haga sea para tu gloria. Enséñame a caminar en tu voluntad, con amor y confianza en Ti. Amén.*

Primera Lectura

Dios resucitó a este Jesús, y todos nosotros somos testigos
(Hechos de los Apóstoles 2, 14. 22-33)

El día de Pentecostés, Pedro, de pie con los Once, pidió atención y les dirigió la palabra:

«Judíos y vecinos todos de Jerusalén, escuchad mis palabras y enteraos bien de lo que pasa. Escuchadme, israelitas: Os hablo de Jesús Nazareno, el hombre que Dios acreditó ante vosotros realizando por su medio los milagros, signos y prodigios que conocéis.

Conforme al designio previsto y sancionado por Dios, os lo entregaron, y vosotros, por mano de paganos, lo matasteis en una cruz.

Pero Dios lo resucitó, rompiendo las ataduras de la muerte; no era posible que la muerte lo retuviera bajo su dominio, pues David dice, refiriéndose a él:

«Tengo siempre presente al Señor,
con él a mi derecha no vacilaré.
Por eso se me alegra el corazón,
exulta mi lengua,
y mi carne descansa esperanzada.
Porque no me entregarás a la muerte
ni dejarás a tu fiel conocer la corrupción.
Me has enseñado el sendero de la vida,
me saciarás de gozo en tu presencia.»

Hermanos, permitidme hablaros con franqueza: El patriarca David murió y lo enterraron, y conservamos su sepulcro hasta el día de hoy. **Pero era profeta y sabía que Dios le había prometido con juramento sentar en su trono a un descendiente suyo; cuando dijo que «no lo entregaría a la muerte y que su carne no conocería la corrupción», hablaba previendo la resurrección del Mesías.**

Pues bien, Dios resucitó a este Jesús, de lo cual todos nosotros somos testigos. Ahora, exaltado por la diestra de Dios, ha recibido del Padre el Espíritu Santo que estaba prometido, y lo ha derramado. **Esto es lo que estáis viendo y oyendo.»**

Salmo Responsorial

R/. Protégeme, Dios mío, que me refugio en ti. *(Salmo 15)*

Protégeme, Dios mío, que me refugio en ti;
yo digo al Señor: «Tú eres mi bien.»
El Señor es el lote de mi heredad y mi copa;
mi suerte está en tu mano. **R/.**

Bendeciré al Señor, que me aconseja,
hasta de noche me instruye internamente.
Tengo siempre presente al Señor,
con él a mi derecha no vacilaré. **R/.**

Por eso se me alegra el corazón,
se gozan mis entrañas,
y mi carne descansa serena.
Porque no me entregarás a la muerte,
ni dejarás a tu fiel conocer la corrupción. **R/.**

Me enseñarás el sendero de la vida,
me saciarás de gozo en tu presencia,
de alegría perpetua a tu derecha. **R/.**

Evangelio

Mateo 28, 8-15
Comunicad a mis hermanos que vayan a Galilea; allí me verán

Las mujeres salieron del sepulcro apresuradas, llenas de emoción y alegría, corriendo a anunciar la noticia a los discípulos. De repente, Jesús se les apareció y les dijo: «Alegraos.» Ellas, llenas de asombro, se postraron ante él y le abrazaron los pies. Jesús les dijo: «No tengáis miedo. Id a decir a mis hermanos que vayan a Galilea; allí me verán.»

Mientras ellas iban de camino, algunos guardias llegaron a la ciudad y contaron a los sumos sacerdotes todo lo sucedido. Reunidos con los ancianos, acordaron sobornar a los soldados con una gran suma de dinero y les ordenaron: «Decid que sus discípulos vinieron por la noche y robaron el cuerpo mientras dormíais. Si esto llega a oídos del gobernador, nosotros lo convenceremos y os protegeremos.»

Los soldados aceptaron el dinero y difundieron la historia según les indicaron. Así se ha transmitido entre los judíos hasta el día de hoy

Espacio para Escuchar y Responder a Dios

Para meditar:

¿Qué mensaje me ha hablado hoy Dios a través de su Palabra?
¿Cómo puedo aplicar esta enseñanza en mi vida diaria?
¿Hay algo que el Señor me está llamando a cambiar o fortalecer?

Escribe tu reflexión:

_____
_____
_____
_____
_____
_____

Propósito del día:

Hoy me propongo:
Ser más consciente de la presencia de Dios en mi día.
Practicar un acto de amor o servicio hacia alguien.
Dedicar un momento especial a la oración.

Anota tu propósito:

_____
_____
_____
_____
_____
_____

Oración: *Señor, gracias por este momento de encuentro contigo.*
Que tu Palabra transforme mi corazón y me guíe en este día.
Que todo lo que haga sea para tu gloria. Enséñame a caminar en tu
voluntad, con amor y confianza en Ti.
Amén.

Primera Lectura

Convertíos y bautizaos todos en nombre de Jesucristo
(Hechos de los Apóstoles 2, 36-41)

El día de Pentecostés, decía Pedro a los judíos:

«Todo Israel esté cierto de que al mismo Jesús, a quien vosotros crucificasteis, Dios lo ha constituido Señor y Mesías.»

Estas palabras les traspasaron el corazón, y preguntaron a Pedro y a los demás apóstoles:

«¿Qué tenemos que hacer, hermanos?»

Pedro les contestó:

«Convertíos y bautizaos todos en nombre de Jesucristo para que se os perdonen los pecados, y recibiréis el don del Espíritu Santo. Porque la promesa vale para vosotros y para vuestros hijos y, además, para todos los que llame el Señor, Dios nuestro, aunque estén lejos.»

Con estas y otras muchas razones les urgía, y los exhortaba diciendo:

«Escapad de esta generación perversa.»

Los que aceptaron sus palabras se bautizaron, y aquel día se les agregaron unos tres mil.

Salmo Responsorial

R/. La misericordia del Señor llena la tierra. *(Salmo 32)*

La palabra del Señor es sincera,
y todas sus acciones son leales;
él ama la justicia y el derecho,
y su misericordia llena la tierra. **R/.**

Los ojos del Señor están puestos en sus fieles,
en los que esperan en su misericordia,
para librar sus vidas de la muerte
y reanimarlos en tiempo de hambre. **R/.**

Nosotros aguardamos al Señor:
él es nuestro auxilio y escudo.
Que tu misericordia, Señor, venga sobre nosotros,
como lo esperamos de ti. **R/.**

Evangelio

Juan 20, 11-18
He visto al Señor

María se quedó afuera, junto al sepulcro, llorando. Mientras lloraba, se inclinó para mirar dentro y vio a dos ángeles vestidos de blanco, sentados donde había estado el cuerpo de Jesús, uno a la cabecera y otro a los pies.

Ellos le preguntaron: «Mujer, ¿por qué lloras?» Ella respondió: «Porque se han llevado a mi Señor y no sé dónde lo han puesto.»

Dicho esto, se volvió y vio a Jesús, pero no lo reconoció. Jesús le preguntó: «Mujer, ¿por qué lloras? ¿A quién buscas?» Pensando que era el jardinero, ella le dijo: «Señor, si tú lo has llevado, dime dónde lo has puesto y yo lo recogeré.»

Jesús le dijo: «¡María!» Ella, al reconocer su voz, exclamó: «¡Rabboni!», que significa «Maestro.»

Jesús le dijo: «No me retengas, porque aún no he subido al Padre. Ve y dile a mis hermanos: "Subo a mi Padre y vuestro Padre, a mi Dios y vuestro Dios."»

María Magdalena fue corriendo a anunciar a los discípulos: «¡He visto al Señor!» Y les contó todo lo que él le había dicho.

Espacio para Escuchar y Responder a Dios

Para meditar:

¿Qué mensaje me ha hablado hoy Dios a través de su Palabra?
¿Cómo puedo aplicar esta enseñanza en mi vida diaria?
¿Hay algo que el Señor me está llamando a cambiar o fortalecer?

Escribe tu reflexión:

_____
_____
_____
_____
_____
_____

Propósito del día:

Hoy me propongo:
Ser más consciente de la presencia de Dios en mi día.
Practicar un acto de amor o servicio hacia alguien.
Dedicar un momento especial a la oración.

Anota tu propósito:

_____
_____
_____
_____
_____
_____

Oración: *Señor, gracias por este momento de encuentro contigo.*
Que tu Palabra transforme mi corazón y me guíe en este día.
Que todo lo que haga sea para tu gloria. Enséñame a caminar en tu
voluntad, con amor y confianza en Ti.
Amén.

Primera Lectura

Te doy lo que tengo: en nombre de Jesucristo, echa a andar
(Hechos de los Apóstoles 3, 1-10)

En aquellos días, subían al templo Pedro y Juan, a la oración de media tarde, cuando vieron traer a cuestas a un lisiado de nacimiento. Solían colocarlo todos los días en la puerta del templo llamada **«Hermosa»**, para que pidiera limosna a los que entraban.

Al ver entrar en el templo a Pedro y a Juan, les pidió limosna. Pedro, con Juan a su lado, se le quedó mirando y le dijo:

«Míranos.»

Clavó los ojos en ellos, esperando que le darían algo. Pedro le dijo:

«No tengo plata ni oro, te doy lo que tengo: en nombre de Jesucristo Nazareno, echa a andar.»

Agarrándolo de la mano derecha lo incorporó. Al instante se le fortalecieron los pies y los tobillos, se puso en pie de un salto, echó a andar y entró con ellos en el templo por su pie, dando brincos y alabando a Dios.

La gente lo vio andar alabando a Dios; al caer en la cuenta de que era el mismo que pedía limosna sentado en la puerta **Hermosa**, quedaron estupefactos ante lo sucedido.

Salmo Responsorial

R/. Que se alegren los que buscan al Señor. *(Salmo 104)*

Dad gracias al Señor, invocad su nombre,
dad a conocer sus hazañas a los pueblos.
Cantadle al son de instrumentos,
hablad de sus maravillas. **R/.**

Gloriaos de su nombre santo,
que se alegren los que buscan al Señor.
Recurrid al Señor y a su poder,
buscad continuamente su rostro. **R/.**

¡Estirpe de Abrahán, su siervo;
hijos de Jacob, su elegido!
El Señor es nuestro Dios,
él gobierna toda la tierra. **R/.**

Se acuerda de su alianza eternamente,
de la palabra dada, por mil generaciones;
de la alianza sellada con Abrahán,
del juramento hecho a Isaac. **R/.**

Evangelio

Lucas 24, 13-35
Lo reconocieron al partir el pan

Aquel mismo día, dos discípulos iban camino a Emaús, una aldea a unas dos leguas de Jerusalén. Mientras conversaban sobre lo sucedido, Jesús se acercó y comenzó a caminar con ellos, pero sus ojos estaban velados y no lo reconocieron.

Jesús les preguntó: «¿De qué habláis mientras camináis?» Ellos, con semblante triste, se detuvieron. Uno de ellos, llamado Cleofás, le dijo: «¿Eres el único forastero en Jerusalén que no sabe lo que ha sucedido estos días?» Jesús preguntó: «¿Qué ha sucedido?»

Ellos respondieron: «Lo de Jesús el Nazareno, un profeta poderoso en obras y palabras ante Dios y el pueblo. Nuestros sumos sacerdotes y dirigentes lo entregaron para ser condenado a muerte y lo crucificaron. Nosotros esperábamos que él fuera el liberador de Israel. Ya han pasado dos días desde su muerte, y esta mañana algunas mujeres de nuestro grupo nos sorprendieron: fueron al sepulcro y no encontraron su cuerpo; incluso dijeron haber visto ángeles que aseguraban que estaba vivo. Algunos de los nuestros fueron al sepulcro y lo hallaron tal como dijeron las mujeres, pero a él no lo vieron.»

Jesús les dijo: «¡Qué necios y lentos de corazón para creer lo que anunciaron los profetas! ¿No era necesario que el Mesías padeciera para entrar en su gloria?» Y, comenzando por Moisés y los profetas, les explicó lo que las Escrituras decían sobre él.

Al llegar cerca de Emaús, Jesús hizo ademán de seguir adelante, pero ellos insistieron: «Quédate con nosotros, porque ya anochece.» Jesús entró y, estando a la mesa, tomó el pan, pronunció la bendición, lo partió y se lo dio. En ese instante, se les abrieron los ojos y lo reconocieron, pero él desapareció.

Dijeron entonces: «¿No ardía nuestro corazón mientras nos hablaba en el camino y nos explicaba las Escrituras?» De inmediato, volvieron a Jerusalén y encontraron a los Once reunidos con otros discípulos, quienes decían: «¡Es verdad, el Señor ha resucitado y se ha aparecido a Simón!» Entonces, contaron lo sucedido en el camino y cómo lo habían reconocido al partir el pan.

Espacio para Escuchar y Responder a Dios

Para meditar:

¿Qué mensaje me ha hablado hoy Dios a través de su Palabra?
¿Cómo puedo aplicar esta enseñanza en mi vida diaria?
¿Hay algo que el Señor me está llamando a cambiar o fortalecer?

Escribe tu reflexión:

_____
_____
_____
_____
_____
_____

Propósito del día:

Hoy me propongo:
Ser más consciente de la presencia de Dios en mi día.
Practicar un acto de amor o servicio hacia alguien.
Dedicar un momento especial a la oración.

Anota tu propósito:

_____
_____
_____
_____
_____
_____

Oración: *Señor, gracias por este momento de encuentro contigo.*
Que tu Palabra transforme mi corazón y me guíe en este día.
Que todo lo que haga sea para tu gloria. Enséñame a caminar en tu
voluntad, con amor y confianza en Ti.
Amén.

Primera Lectura

Matasteis al autor de la vida; pero Dios lo resucitó de entre los muertos
(Hechos de los Apóstoles 3, 11-26)

En aquellos días, mientras el paralítico curado seguía aún con Pedro y Juan, la gente, asombrada, acudió corriendo al **pórtico de Salomón**, donde ellos estaban.

Pedro, al ver a la gente, les dirigió la palabra:

«Israelitas, ¿por qué os extrañáis de esto? ¿Por qué nos miráis como si hubiéramos hecho andar a éste con nuestro propio poder o virtud? El Dios de Abrahán, de Isaac y de Jacob, el Dios de nuestros padres, ha glorificado a su siervo Jesús, al que vosotros entregasteis y rechazasteis ante Pilato, cuando había decidido soltarlo. Rechazasteis al Santo, al Justo, y pedisteis el indulto de un asesino; matasteis al autor de la vida, pero Dios lo resucitó de entre los muertos, y nosotros somos testigos.**

Como éste que veis aquí y que conocéis ha creído en su nombre, su nombre le ha dado vigor; su fe le ha restituido completamente la salud, a vista de todos vosotros.

Sin embargo, hermanos, sé que lo hicisteis por ignorancia, y vuestras autoridades lo mismo; pero Dios cumplió de esta manera lo que había predicho por los profetas, que su **Mesías tenía que padecer**.

Por tanto, **arrepentíos y convertíos**, para que se borren vuestros pecados; a ver si el Señor manda tiempos de consuelo, y envía a Jesús, el Mesías que os estaba destinado. Aunque tiene que quedarse en el cielo hasta la **restauración universal** que Dios anunció por boca de los santos profetas antiguos.

Moisés dijo:

«El Señor Dios sacará de entre vosotros un profeta como yo: escucharéis todo lo que os diga; y quien no escuche al profeta será excluido del pueblo.»

Y, desde Samuel, todos los profetas anunciaron también estos días. Vosotros sois los hijos de los profetas, los hijos de la alianza que hizo Dios con vuestros padres, cuando le dijo a Abrahán:

«Tu descendencia será la bendición de todas las razas de la tierra.»

Dios resucitó a su siervo y os lo envía en primer lugar a vosotros, para que os traiga la bendición, **si os apartáis de vuestros pecados.**

Salmo Responsorial

R/. Señor, dueño nuestro, ¡qué admirable es tu nombre en toda la tierra! *(Salmo 8)*

Señor, dueño nuestro,
¿qué es el hombre, para que te acuerdes de él,
el ser humano, para darle poder? **R/.**

Lo hiciste **poco inferior a los ángeles**,
lo coronaste de gloria y dignidad,
le diste el mando sobre las obras de tus manos,
todo lo sometiste bajo sus pies. **R/.**

Rebaños de ovejas y toros,
y hasta las bestias del campo,
las aves del cielo, los peces del mar,
que trazan sendas por el mar. **R/.**

Evangelio

Lucas 24, 35-48
Así estaba escrito: el Mesías padecerá y resucitará al tercer día

Mientras los discípulos compartían lo que había ocurrido en el camino y cómo habían reconocido a Jesús al partir el pan, de repente, Jesús apareció en medio de ellos y les dijo: «Paz a vosotros.»

Aterrados y llenos de miedo, pensaban que veían un fantasma. Pero Jesús les dijo: «¿Por qué os alarmáis? ¿Por qué surgen dudas en vuestro interior? Mirad mis manos y mis pies, soy yo mismo. Tocadme y ved: un fantasma no tiene carne y huesos, como yo.» Luego, les mostró sus manos y sus pies.

Como aún no salían de su asombro, llenos de alegría y desconcierto, Jesús les preguntó: «¿Tenéis algo de comer?» Le dieron un trozo de pez asado, y él lo tomó y comió delante de ellos.

Después les dijo: «Esto es lo que os anuncié cuando aún estaba con vosotros: que debía cumplirse todo lo escrito sobre mí en la Ley de Moisés, los Profetas y los Salmos.» Entonces, les abrió el entendimiento para que comprendieran las Escrituras y añadió:

«Así estaba escrito: el Mesías debía padecer y resucitar al tercer día. En su nombre se anunciará la conversión y el perdón de los pecados a todas las naciones, comenzando desde Jerusalén. Vosotros sois testigos de esto.»

Espacio para Escuchar y Responder a Dios

Para meditar:

¿Qué mensaje me ha hablado hoy Dios a través de su Palabra?
¿Cómo puedo aplicar esta enseñanza en mi vida diaria?
¿Hay algo que el Señor me está llamando a cambiar o fortalecer?

Escribe tu reflexión:

_____
_____
_____
_____
_____
_____

Propósito del día:

Hoy me propongo:
Ser más consciente de la presencia de Dios en mi día.
Practicar un acto de amor o servicio hacia alguien.
Dedicar un momento especial a la oración.

Anota tu propósito:

_____
_____
_____
_____
_____
_____

Oración: *Señor, gracias por este momento de encuentro contigo.*
Que tu Palabra transforme mi corazón y me guíe en este día.
Que todo lo que haga sea para tu gloria. Enséñame a caminar en tu
voluntad, con amor y confianza en Ti.
Amén.

Primera Lectura

Ningún otro puede salvar
(Hechos de los Apóstoles 4, 1-12)

En aquellos días, mientras hablaban al pueblo Pedro y Juan, se les presentaron los **sacerdotes**, el **comisario del templo** y los **saduceos**, indignados de que enseñaran al pueblo y anunciaran la **resurrección de los muertos** por el poder de Jesús.

Les echaron mano y, como ya era tarde, los metieron en la **cárcel hasta el día siguiente**. Muchos de los que habían oído el discurso, **unos cinco mil hombres**, abrazaron la fe.

Al día siguiente, se reunieron en Jerusalén los **jefes del pueblo, los ancianos y los escribas**; entre ellos el sumo sacerdote **Anás, Caifás, Alejandro** y los demás que eran familia de sumos sacerdotes.

Hicieron comparecer a Pedro y a Juan y los interrogaron:

«¿Con qué poder o en nombre de quién habéis hecho eso?»

Pedro, lleno de **Espíritu Santo**, respondió:

«Jefes del pueblo y ancianos: Porque le hemos hecho un favor a un enfermo, nos interrogáis hoy para averiguar qué poder ha curado a ese hombre; pues, quede bien claro a todos vosotros y a todo Israel que ha sido el nombre de Jesucristo Nazareno, a quien vosotros crucificasteis y a quien Dios resucitó de entre los muertos; por su nombre, se presenta éste sano ante vosotros.

Jesús es la piedra que desechasteis vosotros, los arquitectos, y que se ha convertido en piedra angular; ningún otro puede salvar; bajo el cielo, no se nos ha dado otro nombre que pueda salvarnos.»

Salmo Responsorial

R/. La piedra que desecharon los arquitectos es ahora la piedra angular. *(Salmo 117)*

Dad gracias al Señor porque es bueno,
porque es eterna su misericordia.
Diga la casa de Israel:
eterna es su misericordia.
Digan los fieles del Señor:
eterna es su misericordia. **R/.**

La piedra que desecharon los arquitectos
es ahora la piedra angular.
Es el Señor quien lo ha hecho,
ha sido un milagro patente.
Éste es el día en que actuó el Señor:
sea nuestra alegría y nuestro gozo. **R/.**

Señor, danos la salvación;
Señor, danos prosperidad.
Bendito el que viene en nombre del Señor,
os bendecimos desde la casa del Señor;
el Señor es Dios, él nos ilumina. **R/.**

Evangelio

Juan 21, 1-14
Jesús se acerca, toma el pan y el pescado y se los da

En aquel tiempo, Jesús se apareció nuevamente a sus discípulos junto al lago de Tiberíades. Así sucedió: estaban juntos Simón Pedro, Tomás, apodado el Mellizo, Natanael, el de Caná de Galilea, los hijos de Zebedeo y otros dos discípulos.

Simón Pedro les dijo: «Voy a pescar.» Ellos respondieron: «Nosotros vamos contigo.» Salieron y subieron a la barca, pero aquella noche no pescaron nada.

Al amanecer, Jesús se presentó en la orilla, pero los discípulos no lo reconocieron. Jesús les preguntó: «Muchachos, ¿tenéis algo de comer?» Ellos respondieron: «No.» Entonces, Jesús les dijo: «Echad la red a la derecha de la barca y encontraréis.» La echaron, y la cantidad de peces era tan grande que no podían sacarla.

El discípulo al que Jesús tanto quería le dijo a Pedro: «¡Es el Señor!» Al escuchar esto, Pedro se colocó la túnica y se lanzó al agua. Los demás discípulos llegaron a la orilla en la barca, arrastrando la red llena de peces, pues estaban a solo unos cien metros de tierra.

Al llegar, vieron unas brasas con un pescado asado y pan. Jesús les dijo: «Traed algunos de los peces que acabáis de pescar.» Simón Pedro subió a la barca y sacó la red llena de ciento cincuenta y tres peces grandes; a pesar de la cantidad, la red no se rompió.

Jesús les dijo: «Venid a almorzar.» Ninguno de los discípulos se atrevía a preguntarle quién era, pues sabían bien que era el Señor. Jesús se acercó, tomó el pan y se lo dio, y lo mismo hizo con el pescado. Esta fue la tercera vez que Jesús se apareció a sus discípulos después de resucitar.

Espacio para Escuchar y Responder a Dios

Para meditar:

¿Qué mensaje me ha hablado hoy Dios a través de su Palabra?
¿Cómo puedo aplicar esta enseñanza en mi vida diaria?
¿Hay algo que el Señor me está llamando a cambiar o fortalecer?

Escribe tu reflexión:

_____
_____
_____
_____
_____
_____

Propósito del día:

Hoy me propongo:
Ser más consciente de la presencia de Dios en mi día.
Practicar un acto de amor o servicio hacia alguien.
Dedicar un momento especial a la oración.

Anota tu propósito:

_____
_____
_____
_____
_____
_____

Oración: *Señor, gracias por este momento de encuentro contigo.*
Que tu Palabra transforme mi corazón y me guíe en este día.
Que todo lo que haga sea para tu gloria. Enséñame a caminar en tu voluntad, con amor y confianza en Ti.
Amén.

Primera Lectura

No podemos menos de contar lo que hemos visto y oído
(Hechos de los Apóstoles 4, 13-21)

En aquellos días, los **jefes del pueblo, los ancianos y los escribas**, viendo la seguridad de **Pedro y Juan**, y notando que eran hombres sin letras ni instrucción, **se sorprendieron** y descubrieron que **habían sido compañeros de Jesús.**

Pero, viendo junto a ellos al **hombre que habían curado**, no encontraban respuesta. **Les mandaron salir fuera del Sanedrín y se pusieron a deliberar:

«¿Qué vamos a hacer con esta gente? Es evidente que han hecho un milagro: lo sabe todo Jerusalén, y no podemos negarlo; pero, para evitar que se siga divulgando, les prohibiremos que vuelvan a mencionar a nadie ese nombre.»

Los llamaron y **les prohibieron en absoluto predicar y enseñar en nombre de Jesús.**

Pedro y Juan replicaron:

«¿Puede aprobar Dios que os obedezcamos a vosotros en vez de a él? Juzgadlo vosotros. Nosotros no podemos menos de contar lo que hemos visto y oído.»

Repitiendo la prohibición, los soltaron. **No encontraron la manera de castigarlos**, porque el **pueblo entero daba gloria a Dios por lo sucedido.**

Salmo Responsorial

R/. Te doy gracias, Señor, porque me escuchaste. *(Salmo 117)*

Dad gracias al Señor porque es bueno,
porque es eterna su misericordia.
El Señor es mi fuerza y mi energía,
él es mi salvación.
Escuchad: hay cantos de victoria
en las tiendas de los justos. **R/.**

La diestra del Señor es excelsa,
la diestra del Señor es poderosa.
No he de morir, viviré
para contar las hazañas del Señor.
Me castigó, me castigó el Señor,
pero no me entregó a la muerte. **R/.**

Abridme las puertas del triunfo,
y entraré para dar gracias al Señor.
Ésta es la puerta del Señor:
los vencedores entrarán por ella.
Te doy gracias porque me escuchaste
y fuiste mi salvación. **R/.**

Evangelio

Marcos 16, 9-15
Id al mundo entero y proclamad el Evangelio

Jesús, resucitado al amanecer del primer día de la semana, se apareció
primero a María Magdalena, de quien había expulsado siete demonios.
Ella fue a anunciarlo a los discípulos, que estaban tristes y llorando. Pero
al escuchar que estaba vivo y que lo había visto, no le creyeron.

Luego, Jesús se apareció en otro aspecto a dos discípulos que iban de
camino hacia una finca. También ellos fueron a contarlo a los demás,
pero tampoco les creyeron.

Finalmente, Jesús se apareció a los Once mientras estaban sentados a la
mesa y les reprochó su incredulidad y dureza de corazón, porque no
habían creído a quienes lo habían visto resucitado.

Entonces les dijo: «Id al mundo entero y proclamad el Evangelio a toda
la creación.»

Espacio para Escuchar y Responder a Dios

Para meditar:

¿Qué mensaje me ha hablado hoy Dios a través de su Palabra?
¿Cómo puedo aplicar esta enseñanza en mi vida diaria?
¿Hay algo que el Señor me está llamando a cambiar o fortalecer?

Escribe tu reflexión:

_____
_____
_____
_____
_____
_____

Propósito del día:

Hoy me propongo:
Ser más consciente de la presencia de Dios en mi día.
Practicar un acto de amor o servicio hacia alguien.
Dedicar un momento especial a la oración.

Anota tu propósito:

_____
_____
_____
_____
_____
_____

Oración: *Señor, gracias por este momento de encuentro contigo.*
Que tu Palabra transforme mi corazón y me guíe en este día.
Que todo lo que haga sea para tu gloria. Enséñame a caminar en tu voluntad, con amor y confianza en Ti.
Amén.

Primera Lectura

Crecía el número de los creyentes, hombres y mujeres, que se adherían al Señor
(Hechos de los Apóstoles 5, 12-16)

Los **apóstoles hacían muchos signos y prodigios en medio del pueblo.**

Los fieles se reunían de común acuerdo en el **pórtico de Salomón**; los demás no se atrevían a juntárseles, aunque la gente se hacía lenguas de ellos; más aún, **crecía el número de los creyentes, hombres y mujeres, que se adherían al Señor.**

La gente **sacaba a los enfermos a la calle**, y los ponía en catres y camillas, **para que, al pasar Pedro, su sombra, por lo menos, cayera sobre alguno.**

Mucha gente de los alrededores acudía a Jerusalén, **llevando a enfermos y poseídos de espíritu inmundo, y todos se curaban.**

Salmo Responsorial

R/. Dad gracias al Señor porque es bueno, porque es eterna su misericordia. *(Salmo 117)*

Diga la casa de Israel:
eterna es su misericordia.
Diga la casa de Aarón:
eterna es su misericordia.
Digan los fieles del Señor:
eterna es su misericordia. R/.

La piedra que desecharon los arquitectos
es ahora la piedra angular.
Es el Señor quien lo ha hecho,
ha sido un milagro patente.
Éste es el día en que actuó el Señor:
sea nuestra alegría y nuestro gozo. **R/.**

Señor, danos la salvación;
Señor, danos prosperidad.
Bendito el que viene en nombre del Señor,

os bendecimos desde la casa del Señor;
el Señor es Dios, él nos ilumina. **R/.**

Segunda Lectura

Estaba muerto y, ya ves, vivo por los siglos de los siglos
(Apocalipsis 1, 9-11a. 12-13. 17-19)

Yo, **Juan**, vuestro hermano y compañero en la tribulación, en el reino y en la constancia en Jesús, **estaba desterrado en la isla de Patmos**, por haber predicado la palabra de Dios, y haber dado testimonio de Jesús.

Un **domingo caí en éxtasis** y oí a mis espaldas una voz potente que decía:

«Lo que veas escríbelo en un libro, y envíaselo a las siete Iglesias de Asia.»

Me volví a ver quién me hablaba, y, al volverme, **vi siete candelabros de oro, y en medio de ellos una figura humana, vestida de larga túnica, con un cinturón de oro a la altura del pecho.**

Al verlo, **caí a sus pies como muerto.**

Él puso la mano derecha sobre mí y dijo:

«No temas: Yo soy el primero y el Último, yo soy el que vive. Estaba muerto y, ya ves, vivo por los siglos de los siglos, y tengo las llaves de la muerte y del abismo.

Escribe, pues, lo que veas: lo que está sucediendo y lo que ha de suceder más tarde.»

Evangelio

Juan 20, 19-31
A los ocho días, llegó Jesús

Al anochecer del primer día de la semana, los discípulos estaban reunidos con las puertas cerradas por miedo a los judíos. De pronto, Jesús entró, se puso en medio y les dijo: «Paz a vosotros.»

Después les mostró las manos y el costado. Los discípulos se llenaron de alegría al ver al Señor. Jesús repitió: «Paz a vosotros. Como el Padre me envió, así también os envío yo.» Luego sopló sobre ellos y añadió:

«Recibid el Espíritu Santo. A quienes perdonéis los pecados, les quedarán perdonados; a quienes se los retengáis, les quedarán retenidos.»

Tomás, uno de los Doce, llamado el Mellizo, no estaba con ellos cuando llegó Jesús. Cuando los demás discípulos le dijeron: «Hemos visto al Señor», él respondió: «Si no veo en sus manos la señal de los clavos, si no meto mi dedo en sus heridas y mi mano en su costado, no lo creeré.»

Ocho días después, los discípulos estaban otra vez reunidos, y Tomás estaba con ellos. Jesús apareció de nuevo, a pesar de que las puertas estaban cerradas, y dijo: «Paz a vosotros.» Luego se dirigió a Tomás:

«Trae tu dedo y toca mis manos; trae tu mano y métela en mi costado. No seas incrédulo, sino creyente.»

Tomás exclamó: «¡Señor mío y Dios mío!» Jesús le dijo: «¿Has creído porque me has visto? Dichosos los que creen sin haber visto.»

Jesús realizó muchos otros signos en presencia de sus discípulos, que no están escritos en este libro. Estos han sido escritos para que creáis que Jesús es el Mesías, el Hijo de Dios, y para que, creyendo, tengáis vida en su nombre.

Espacio para Escuchar y Responder a Dios

Para meditar:

¿Qué mensaje me ha hablado hoy Dios a través de su Palabra?
¿Cómo puedo aplicar esta enseñanza en mi vida diaria?
¿Hay algo que el Señor me está llamando a cambiar o fortalecer?

Escribe tu reflexión:

_____
_____
_____
_____
_____
_____
_____

Propósito del día:

Hoy me propongo:
Ser más consciente de la presencia de Dios en mi día.
Practicar un acto de amor o servicio hacia alguien.
Dedicar un momento especial a la oración.

Anota tu propósito:

_____
_____
_____
_____
_____
_____

Oración: *Señor, gracias por este momento de encuentro contigo.*
Que tu Palabra transforme mi corazón y me guíe en este día.
Que todo lo que haga sea para tu gloria. Enséñame a caminar en tu
voluntad, con amor y confianza en Ti.
Amén.

Primera Lectura

Al terminar la oración, los llenó a todos el Espíritu Santo, y anunciaban con valentía la palabra de Dios
(Hechos 4, 23-31)

En aquellos días, **puestos en libertad, Pedro y Juan volvieron al grupo de los suyos** y les contaron lo que les habían dicho los sumos sacerdotes y los ancianos.

Al oírlo, **todos juntos invocaron a Dios en voz alta:**

«Señor, tú hiciste el cielo, la tierra, el mar y todo lo que contienen; tú inspiraste a tu siervo, nuestro padre David, para que dijera:

«¿Por qué se amotinan las naciones, y los pueblos planean un fracaso? Se alían los reyes de la tierra, los príncipes conspiran contra el Señor y contra su Mesías.»

Así fue: en esta ciudad **se aliaron Herodes y Poncio Pilato con los gentiles y el pueblo de Israel contra tu santo siervo Jesús, tu Ungido**, para realizar cuanto tu poder y tu voluntad habían determinado.

Ahora, Señor, mira cómo nos amenazan, y da a tus siervos valentía para anunciar tu palabra; mientras tu brazo realiza curaciones, signos y prodigios, por el nombre de tu santo siervo Jesús.»

Al terminar la oración, **tembló el lugar donde estaban reunidos, los llenó a todos el Espíritu Santo, y anunciaban con valentía la palabra de Dios**.

Salmo Responsorial

R/. Dichosos los que se refugian en ti, Señor. *(Salmo 2)*

¿Por qué se amotinan las naciones,
y los pueblos planean un fracaso?
Se alían los reyes de la tierra,
los príncipes conspiran
contra el Señor y contra su Mesías:
**«Rompamos sus coyundas,
sacudamos su yugo». R/.**

El que habita en el cielo sonríe,
el Señor se burla de ellos.
Luego les habla con ira,
los espanta con su cólera:
«Yo mismo he establecido a mi rey
en Sión, mi monte santo.» R/.

Voy a proclamar el decreto del Señor;
él me ha dicho:
«Tú eres mi Hijo: yo te he engendrado hoy.
Pídemelo: te daré en herencia las naciones,
en posesión, los confines de la tierra:
los gobernarás con cetro de hierro,
los quebrarás como jarro de loza.» R/.

Evangelio

Juan 3,1-8
El que no nazca de nuevo no puede ver el reino de Dios

Había un fariseo llamado Nicodemo, un hombre influyente entre los judíos. Una noche, fue a ver a Jesús y le dijo: «Rabí, sabemos que has venido de parte de Dios como maestro, porque nadie puede hacer los signos que tú realizas si Dios no está con él.»

Jesús le respondió: «Te aseguro que quien no nazca de nuevo no puede ver el reino de Dios.»

Nicodemo le preguntó: «¿Cómo puede un hombre nacer siendo ya viejo? ¿Acaso puede entrar otra vez en el vientre de su madre y nacer?»

Jesús le respondió: «Te aseguro que el que no nazca del agua y del Espíritu no puede entrar en el reino de Dios. Lo que nace de la carne es carne, y lo que nace del Espíritu es espíritu. No te sorprendas de que te haya dicho: "Debéis nacer de nuevo."

El viento sopla donde quiere; oyes su sonido, pero no sabes de dónde viene ni a dónde va. Así sucede con todo el que ha nacido del Espíritu.»

Espacio para Escuchar y Responder a Dios

Para meditar:

¿Qué mensaje me ha hablado hoy Dios a través de su Palabra?
¿Cómo puedo aplicar esta enseñanza en mi vida diaria?
¿Hay algo que el Señor me está llamando a cambiar o fortalecer?

Escribe tu reflexión:

_____
_____
_____
_____
_____
_____

Propósito del día:

Hoy me propongo:
Ser más consciente de la presencia de Dios en mi día.
Practicar un acto de amor o servicio hacia alguien.
Dedicar un momento especial a la oración.

Anota tu propósito:

_____
_____
_____
_____
_____
_____

Oración: *Señor, gracias por este momento de encuentro contigo.*
Que tu Palabra transforme mi corazón y me guíe en este día.
Que todo lo que haga sea para tu gloria. Enséñame a caminar en tu
voluntad, con amor y confianza en Ti.
Amén.

Primera Lectura

Todos pensaban y sentían lo mismo
(Hechos 4,32-37)

En el grupo de los creyentes todos pensaban y sentían lo mismo: lo poseían todo en común y nadie llamaba suyo propio nada de lo que tenía.

Los apóstoles daban testimonio de la resurrección del Señor Jesús con mucho valor. Y Dios los miraba a todos con mucho agrado.

Ninguno pasaba necesidad, pues los que poseían tierras o casas las vendían, traían el dinero y lo ponían a disposición de los apóstoles; luego se distribuía según lo que necesitaba cada uno.

José, a quien los apóstoles apellidaron Bernabé, que significa Consolado, que era levita y natural de Chipre, tenía un campo y lo vendió; llevó el dinero y lo puso a disposición de los apóstoles.

Salmo Responsorial

R/. El Señor reina, vestido de majestad. *(Salmo 92)*

El Señor reina, vestido de majestad,
el Señor, vestido y ceñido de poder. **R/.**

Así está firme el orbe y no vacila.
Tu trono está firme desde siempre,
y tú eres eterno. **R/.**

Tus mandatos son fieles y seguros;
la santidad es el adorno de tu casa,
Señor, por días sin término. **R/.**

Evangelio

Juan 3,5a.7b-15
Nadie ha subido al cielo, sino el que bajó del cielo, el Hijo del Hombre

En aquel tiempo, Jesús dijo a Nicodemo: «Debéis nacer de nuevo. El viento sopla donde quiere; oyes su sonido, pero no sabes de dónde viene ni a dónde va. Así sucede con todo el que ha nacido del Espíritu.»

Nicodemo le preguntó: «¿Cómo puede suceder esto?»

Jesús le respondió: «Tú, que eres maestro en Israel, ¿no entiendes estas cosas? Te aseguro que hablamos de lo que sabemos y damos testimonio de lo que hemos visto, pero no aceptáis nuestro testimonio.

Si no creéis cuando os hablo de las cosas terrenales, ¿cómo creeréis si os hablo de las celestiales? Porque nadie ha subido al cielo, sino el que bajó del cielo, el Hijo del Hombre.

Así como Moisés levantó la serpiente en el desierto, así también debe ser elevado el Hijo del Hombre, para que todo el que crea en él tenga vida eterna.»

Espacio para Escuchar y Responder a Dios

Para meditar:

¿Qué mensaje me ha hablado hoy Dios a través de su Palabra?
¿Cómo puedo aplicar esta enseñanza en mi vida diaria?
¿Hay algo que el Señor me está llamando a cambiar o fortalecer?

Escribe tu reflexión:

_____
_____
_____
_____
_____
_____

Propósito del día:

Hoy me propongo:
Ser más consciente de la presencia de Dios en mi día.
Practicar un acto de amor o servicio hacia alguien.
Dedicar un momento especial a la oración.

Anota tu propósito:

_____
_____
_____
_____
_____
_____

Oración: *Señor, gracias por este momento de encuentro contigo.*
Que tu Palabra transforme mi corazón y me guíe en este día.
Que todo lo que haga sea para tu gloria. Enséñame a caminar en tu voluntad, con amor y confianza en Ti.
Amén.

Primera Lectura

Los hombres que metisteis en la cárcel están en el templo enseñando al pueblo
(Hechos 5,17-26)

En aquellos días, el sumo sacerdote y los de su partido -la secta de los saduceos-, llenos de envidia, mandaron prender a los apóstoles y meterlos en la cárcel común.

Pero, por la noche, el ángel del Señor les abrió las puertas de la celda y los sacó fuera, diciéndoles: «Id al templo y explicadle allí al pueblo íntegramente este modo de vida.»

Entonces ellos entraron en el templo al amanecer y se pusieron a enseñar.

Llegó entre tanto el sumo sacerdote con los de su partido, convocaron el Sanedrín y el pleno de los ancianos israelitas, y mandaron por los presos a la cárcel.

Fueron los guardias, pero no los encontraron en la celda, y volvieron a informar:

«Hemos encontrado la cárcel cerrada, con las barras echadas, y a los centinelas guardando las puertas; pero, al abrir, no encontramos a nadie dentro.»

El comisario del templo y los sumos sacerdotes no atinaban a explicarse qué había pasado con los presos.

Uno se presentó, avisando: «Los hombres que metisteis en la cárcel están ahí en el templo y siguen enseñando al pueblo.»

El comisario salió con los guardias y se los trajo, sin emplear la fuerza, por miedo a que el pueblo los apedrease.

Salmo Responsorial

R/. Si el afligido invoca al Señor, él lo escucha. *(Salmo 33)*

Bendigo al Señor en todo momento,
su alabanza está siempre en mi boca;

mi alma se gloría en el Señor:
que los humildes lo escuchen y se alegren. **R/.**

Proclamad conmigo la grandeza del Señor,
ensalcemos juntos su nombre.
Yo consulté al Señor, y me respondió,
me libró de todas mis ansias. **R/.**

Contempladlo, y quedaréis radiantes,
vuestro rostro no se avergonzará.
Si el afligido invoca al Señor, él lo escucha
y lo salva de sus angustias. **R/.**

El ángel del Señor acampa
en torno a sus fieles y los protege.
Gustad y ved qué bueno es el Señor,
dichoso el que se acoge a él. **R/.**

Evangelio

Juan 3,16-21
Dios envió a su Hijo para que el mundo se salve por él

Tanto amó Dios al mundo, que entregó a su Hijo único, para que todo el
que crea en él no perezca, sino que tenga vida eterna.

Porque Dios no envió a su Hijo al mundo para condenarlo, sino para que
el mundo se salve por él.

El que cree en él no será condenado; pero el que no cree ya ha sido
condenado, porque no ha creído en el nombre del Hijo único de Dios.

El juicio consiste en esto: la luz vino al mundo, pero los hombres
prefirieron las tinieblas a la luz, porque sus obras eran malas.

Quien obra el mal, odia la luz y no se acerca a ella, para que sus acciones
no sean descubiertas. En cambio, el que vive conforme a la verdad se
acerca a la luz, para que se vea que sus obras están hechas según Dios.

Espacio para Escuchar y Responder a Dios

<u>Para meditar:</u>

¿Qué mensaje me ha hablado hoy Dios a través de su Palabra?
¿Cómo puedo aplicar esta enseñanza en mi vida diaria?
¿Hay algo que el Señor me está llamando a cambiar o fortalecer?

Escribe tu reflexión:

_____
_____
_____
_____
_____
_____

<u>Propósito del día:</u>

Hoy me propongo:
Ser más consciente de la presencia de Dios en mi día.
Practicar un acto de amor o servicio hacia alguien.
Dedicar un momento especial a la oración.

Anota tu propósito:

_____
_____
_____
_____
_____
_____

<u>Oración:</u> *Señor, gracias por este momento de encuentro contigo.*
Que tu Palabra transforme mi corazón y me guíe en este día.
Que todo lo que haga sea para tu gloria. Enséñame a caminar en tu
voluntad, con amor y confianza en Ti.
Amén.

Mi Encuentro con Dios Este Mes

"Yo soy la resurrección y la vida; el que cree en mí vivirá, aunque muera." (Juan 11:25)

¿Qué evangelio me impactó más este mes y por qué?

_____
_____
_____
_____

¿Cómo he sentido la presencia de Dios en mi vida durante este mes?

_____
_____
_____
_____

¿Qué propósito espiritual quiero establecer para el próximo mes?

_____
_____
_____
_____
_____

Mis pensamientos y agradecimientos:

_____
_____
_____
_____
_____
_____
_____
_____

Evangelios del domingo 2025 - Explicados y meditados

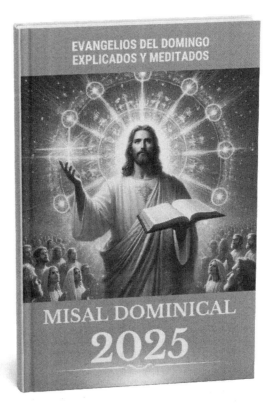

Vive cada domingo con la Palabra de Dios de una manera más profunda y enriquecedora. Este misal dominical reúne los evangelios de cada domingo del año 2025, acompañados de explicaciones teológicas, reflexiones espirituales y preguntas para la meditación semanal. Un recurso esencial para fortalecer tu vida de fe y prepararte mejor para la Misa dominical.

Ve
INSPIRA

Adquiérelo en
Amazon.com o en
VEinspira.com

Evangelios del domingo 2025 para niños - Explicados y meditados

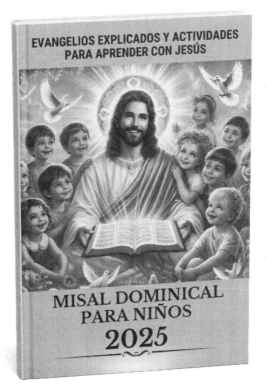

Una forma divertida y educativa de acercar a los niños a la Palabra de Dios. Este misal dominical infantil presenta los evangelios de cada domingo de 2025 con explicaciones adaptadas, actividades didácticas y preguntas para ayudar a los más pequeños a comprender el mensaje de Jesús. Perfecto para catequesis, familia y educación en valores cristianos.

Adquiérelo en
Amazon.com o en
VEinspira.com

Misal de cada mes del 2025

Disfruta de una experiencia espiritual continua con los misales mensuales de 2025. Cada mes incluye los evangelios diarios, reflexiones y oraciones para fortalecer tu relación con Dios y vivir el año litúrgico con propósito. Encuentra inspiración en cada página y haz de cada día un encuentro con la Palabra divina.

INSPIRA

Adquiérelo en
Amazon.com o en
VEinspira.com

Descubre la serie 5 Minutos de Oración

Oraciones para Semana Santa 2025

Acompaña a Jesús en su camino de amor y sacrificio con este libro de oraciones para la Semana Santa. Contiene plegarias inspiradoras para cada día del Triduo Pascual, reflexiones para vivir la Pasión con devoción y meditaciones para fortalecer la fe. Un compañero esencial para una Semana Santa llena de espiritualidad.

Notebooks de Jesús - Un espacio de fe, reflexión y fortaleza

Estos hermosos notebooks están diseñados para acompañarte en tu jornada espiritual. Con frases inspiradoras como "Jesús es mi fortaleza", "Jesús es mi paz" y "Confío en Jesús", cada cuaderno se convierte en un refugio para tus pensamientos, oraciones y reflexiones diarias. Perfectos para la oración, la gratitud o el estudio de la Palabra, estos notebooks son un recordatorio constante de la presencia y amor de Dios en tu vida.

Ve
INSPIRA

Adquiérelo en
Amazon.com o en
VEinspira.com

Oraciones para el Jubileo 2025 - Guía Espiritual para el Año Santo

Vive el Jubileo 2025 con un corazón renovado y una fe profunda. Este libro de oraciones te acompañará en este Año Santo con plegarias especiales, meditaciones y momentos de devoción personal. Descubre el significado del Jubileo y cómo vivirlo en comunión con la Iglesia, fortalecido en la oración y la reflexión.

Adquiérelo en
Amazon.com o en
VEinspira.com

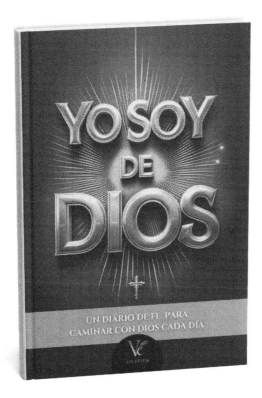

MIS FINANZAS SON DE DIOS - Planea, reflexiona y administra tus recursos con fe

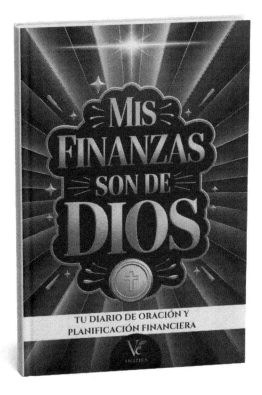

Este notebook ayuda a gestionar las finanzas con principios de gratitud, sabiduría y generosidad, recordando que los recursos provienen de Dios.

INSPIRA

Adquiérelo en Amazon.com o en VEinspira.com

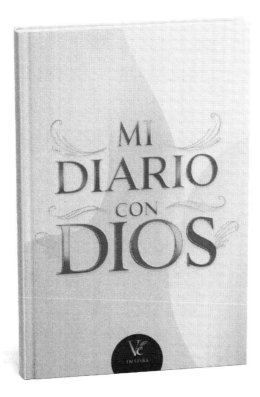

Diario de fe - Reflexiona, documenta y fortalece tu caminar espiritual

Un diario guiado para documentar el crecimiento espiritual, la gratitud y la confianza en Dios, con preguntas estructuradas que ayudan a profundizar en la fe

Adquiérelo en Amazon.com o en VEinspira.com

5 Minutos de Oración por mis Finanzas - Transforma tu economía con fe

Este libro de oración está diseñado para quienes desean fortalecer su fe en el área financiera. A través de reflexiones inspiradoras y oraciones diarias, descubrirás cómo alinear tu vida económica con los principios de Dios, confiando en Su providencia y sabiduría.

5 Minutos de Oración para la mañana - Pon tu confianza en Dios al iniciar tu día

Cada mañana es una nueva oportunidad para acercarnos a Dios, recibir su gracia y empezar el día con paz y propósito. Este devocional está diseñado para que, en tan solo cinco minutos, puedas: dar gracias por un nuevo día de vida, pedir dirección y fortaleza para los desafíos del día y renovar tu fe y confiar en la voluntad de Dios.

INSPÍRATE EN NUESTRA TIENDA ONLINE

Escanea el QR

Compra de forma
segura en Amazon.com
y en VEinspira.com

REGALO ESPECIAL
PARA ESTE
AÑO SANTO

Descarga GRATIS una poderosa oración para fortalecer tu fe en este Año Santo. Descárgala gratis y comienza cada día con bendición y propósito

Escanea el código QR y recibe tu regalo espiritual al instante

VEinspira.com/Jubileo2025

INSPIRA

Made in the USA
Middletown, DE
30 April 2025

74945192R00104